普通高等院校"十一五"规划教材

民航订座系统基础教程

赵鸣 张旭 编著

国防工业出版社

·北京·

内 容 简 介

本书对民航客运订座业务所涉及的基本运输规则、术语和订座系统操作方法进行了详细的分析和介绍。内容包括中国民航信息化概述、民航运输销售代理、订座基础、代理人分销系统、航班信息查询、旅客订座记录、电子客票及系统信箱。同时,每章还配备相应的思考题,以巩固所学。

本书可作为大专院校民航运输相关专业的教材,同时也可作为民航领域培训机构的工具书。

图书在版编目(CIP)数据

民航订座系统基础教程/赵鸣,张旭编著. —北京:国防
工业出版社,2017.4 重印
普通高等院校"十一五"规划教材
ISBN 978-7-118-06523-7

Ⅰ.民…　Ⅱ.①赵…②张…　Ⅲ.民用航空 – 商业
服务 – 高等学校 – 教材　Ⅳ.F560.6

中国版本图书馆 CIP 数据核字(2009)第 145334 号

※

国防工业出版社出版发行
(北京市海淀区紫竹院南路23号　邮政编码100048)
三河市天利华印刷装订有限公司印刷
新华书店经售
*
开本 787×1092　1/16　印张 10　字数 225 千字
2017 年 4 月第 1 版第 6 次印刷　印数 12001—15000 册　定价 32.00 元

(本书如有印装错误,我社负责调换)

国防书店:(010)88540777　　　发行邮购:(010)88540776
发行传真:(010)88540755　　　发行业务:(010)88540717

前　言

航空旅客运输是民用航空业的主体业务之一。能够在航班起飞前尽可能多、尽可能早地销售航班座位，是航空公司争取最大利润的关键，也是航空公司全部生产和服务的最终体现。由中国民航信息网络股份有限公司研发的订座系统是国内民航客运代理人和航空运输企业进行销售和管理航班座位的主要信息平台。对于从事旅客运输工作的民航专业毕业生，必须熟练掌握该系统的操作，才能应对日常的销售、管理工作。

《民航订座系统基础教程》一书正是根据普通高等教育"十一五"国家级规划教材的指导精神，结合目前高校航空运输专业的人才技能需求而编写的关于如何操作民航订座系统的基础教材。本书可以作为学校教材，也可作为民航企业的培训教材。

本书在内容安排上力求全面，循序渐进，由浅入深。全书内容包括民航信息化的发展历程、民航客运销售中的基本理论与术语、代理人分销系统的登录、航班信息的查询、旅客订座记录的创建、电子客票的销售等。由于民航客运业务的需要，中国民航信息网络股份有限公司的订座系统的功能处于不断更新变化的状态，编者在编写过程中，紧跟系统更新的步伐，充分结合实际工作的需要，选择最新最实用的系统操作指令，剔除过时陈旧的知识点，满足专业人才培养的基本需要。

本书在编写过程中，参考了相关论文、中国民航信息网络股份有限公司网站的一系列订座业务操作手册以及中国航空运输协会组织编写的航空运输代理人培训系列教材。因此，在本书出版之际，我们谨向参与组织、编学以上学习材料的人员和提供资料的单位和个人，表示诚挚的谢意。上海工程技术大学航空运输学院的诸位同事也给予了大力支持，在此一并表示感谢。

由于编写时间仓促，编者水平有限，书中疏漏和不足之处在所难免，恳请广大读者批评指正。

编　者

2009 年 7 月

目　录

第1章 概 述

客货运输是民用航空业的主体业务，所生产的产品是"位移"，产品数量以吨公里、客公里来衡量，表现为飞行航班上的旅客座位和货运舱位。因此，航空运输产品不同于其他行业生产的产品，它能够在一定的时间段进行存储，具有可消失性特点。能够在航班起飞前尽可能多、尽可能早地销售航班座位，是航空公司争取最大利润的关键，也是航空公司全部生产和服务的最终体现。正是民用航空产品的这一特别销售需求，使得现代信息技术在民航销售领域得以广泛应用。

1.1 中国民航的信息化发展

为缩小与国外航空公司在科技方面的差距，参与国际航空市场的激烈竞争，民航企业必须实现业务处理自动化。1978 年，中国民航总局提出将计算机技术引入民航业务的设想。当时计算机技术在国内属新技术，在民航领域的应用更是一项空白。因此，民航计算机系统采用"租买结合"的方案。计算机技术首先在售票业务中应用。

1981 年，中国民航租用了总部设在美国亚特兰大的 GABRIEL 系统进行国际航班的售票，直至 1985 年。1985 年，中国民航经国家有关部门批准，经过全面的选型和论证，投资新建订座网，年底正式运行。此订座系统采用 UNISYS 的整体解决方案，其中包含主机、系统软件、通信网络系统、USAS 应用系统（含订座、离港、货运）。1986 年 7 月 1 日，民航广州地区的国内航线订座正式使用这套计算机订座系统。1989 年 10 月 27 日，将原 GABRIEL 系统中的终端成功转接到中国民航自己的系统中，从而真正建立起中国民航自己的、分布于全球的计算机订座网络。

1993 年，民航订座系统的功能得到了飞跃发展：自动出票系统全面投产。经过十几年的摸索、更新和升级，于 1995 年建成了民航卫星通信网，解决了困扰通信的"中枢神经"阻断问题。为适应国内蓬勃发展的机票销售代理业务，遵循代理分销订座系统与航空公司订座系统相互独立的国际惯例，1996 年 1 月，在原订座系统的基础上，完成机票代理人订座系统(Computer Reservation System，CRS)与航空公司订座系统(Inventory Control System，ICS)的分离，建成了中国民航的 CRS。借助于 CRS，国内航空运输企业与国际上各大代理人分销系统(Global Distribution System，GDS)开展对等商务合作，实现外航航班直接销售，既满足了国内航空公司在国外的销售需求，又满足了国内代理商销售国外航空公司服务的需求。有效地促进了国内销售代理事业的发展，使中国代理销售市场朝着健康、有序的方向发展，为中国航空旅游业走向国际市场奠定了基础。

经过十几年的发展壮大，到 2000 年底，通过中国民航订座系统(含航空公司订座系统和代理人分销系统)的旅客订座占全民航旅客运输量的98%以上，系统规模在全球排名第五位。尽管如此，现有的中国民航订座系统还不能很好地满足国内航空公司参与国际市场竞争和未来发展的需求，也不能很好地满足销售代理商日益复杂和多样化的代理业务需求。为提高我国航空销售系统的竞争能力，保护航空公司的长远利益，迎接加入WTO的挑战，1999年6月，经国家发展计划委员会批准立项，在原中国民航订座系统(ICS/CRS)的基础上建设中国航空旅游分销系统。1999年12月，民航总局批复了该项目的初步设计和工程概算。GDS工程建设包括在CRS基础上建设先进的航空旅游分销系统(包括核心主机系统及周边系统)、完善现有的航空公司订座系统和电子商务平台。

2000年9月，以原中国民航计算机信息中心为基础，南方航空(集团)公司、东方航空集团公司、中国国际航空公司、中国西南航空公司、中国北方航空公司、中国西北航空公司、云南航空公司、新疆航空公司、中国航空公司、长城航空公司、厦门航空有限公司、海南航空股份有限公司、中国新华航空公司、深圳航空公司、上海航空有限公司、四川航空公司、山东航空股份有限公司、武汉航空公司、长安航空公司、山西航空公司共20家航空公司共同发起设立了中国民航信息网络股份有限公司(简称中航信，TravelSky)。

2001年2月7日，中国民航信息网络股份有限公司H股在香港联交所主板成功上市，共募集资金约12亿港币。成立以来，中航信为国内航空公司和300余家外国及地区航空公司提供电子旅游分销(ETD)，包括航班控制系统服务、代理人分销系统服务和机场旅客处理(APP)。公司积极拓展与上述核心业务相关的延伸信息技术服务，为航空公司提供决策支持的数据服务、支持航空联盟的产品服务、发展电子客票和电子商务的解决方案，以及为航空公司和机场提供提高地面营运效率的信息管理系统等服务。

2004年，中国航信电子旅游分销系统处理1.32亿人次的航班预订，较上年增长36.6%，机场旅客系统处理1.02亿人次旅客出港，较上年增长42.5%。借助国际先进技术，中航信自主研发了部分中间件和基础视窗的前端产品，初步实现了现有和新系统功能的部分外移，为核心系统向开放平台的平滑转移奠定了基础。根据计划，该系统将逐步向酒店、旅游、租车等非航空领域拓展，同时积极推进"电子客票"在国内民航业的应用。

2007年，中国电子旅游分销系统(ETD)处理航班订座量突破2亿大关，其中，全年处理电子客票约152.1百万航段。使用中航信自主开发的新一代APP(NewAPP)前端系统的国内机场达50家，加入APP系统的外国及地区航空公司达到37家。在中航信的支持下，中国南方航空股份有限公司率先加入天合联盟，中国国际航空股份有限公司和上海航空股份有限公司顺利加入星空联盟。中国航信旅游分销网络由6500多家旅行社及旅游分销代理人拥有的约52400台销售终端组成，并通过SITA(国际航空电信协会)网络与所有国际GDS和57家外国及地区航空公司实现高等级连接和直联，覆盖国内外400多个城市，并通过遍布全国30余个地区分销中心和新加坡、日本、韩国等海外分销中心，为旅行社、旅游分销代理人提供技术支持和本地化服务。中航信继续完善酒店分销系统，积极推进与上游旅游产品供应商、下游分销代理人的合作，全年销售酒店房间量达42.9万间夜。

加入WTO后，中国民航将进一步开放航空器维修服务和计算机订座系统服务市场。

在航空器维修方面，放开境外消费，允许中国航空公司把飞机和发动机送国外维修；允许外国服务提供者在境内成立合资维修企业提供维修服务，中国的航空器维修企业可雇用外国的技术专家、经营管理人员；在计算机订座系统开放跨境服务和境外消费，外国计算机订座系统可与中国的计算机订座系统联网，向中国航空公司提供服务，但仍不允许外国资本在境内成立公司、分支机构提供订座服务。

1.2 全球分销系统

全球分销系统是随着世界经济全球化和旅客需求多样化，由航空公司、旅游产品供应商形成联盟，集运输、旅游相关服务于一体，从航空公司订座系统(ICS)、计算机订座系统演变而来的全球范围内的旅游分销系统。全球分销系统通过庞大的计算机系统将航空、旅游产品与代理商连接起来，将各航空公司的航班座位和运价，以及酒店、汽车租赁、旅游等范围的辅助项目实施全球范围的编目存储，使代理商可以实时销售各类组合产品，从而使最终消费者(旅客)拥有最透明的信息、最广泛的选择范围、最强的议价能力和最低的购买成本。用提高航班销售的可靠性使旅客及旅行代理商都获得更多益处。

全球分销系统的雏形是计算机订座系统，按斯坦福国际研究院的划分，其转化有五个明显的阶段，先后分别是：航空公司提高生产率的工具—电子航班产品分销—获取竞争优势的手段——项业务经营—世界分销网。也就是说现行计算机订座系统的演变历程，是从航空公司内部座位编排目录经过电子装置控制的分销及获取市场手段，发展为独立的依据其自身权益盈利的高回报率投资，最终成为旅行产品全球范围的电子手段分销网络。其根本目的是提高航空公司内部效率，占领市场及最终的盈利。

目前，世界上主要的 GDS 有：美洲的 SABRE 和 WORLDSPAN，欧洲的 AMADEUS 和 GALILEO，以及一些服务于特定国家和地区的中小 GDS，如我国的 TRAVELSKY(中航信)、东南亚的 ABACUS、韩国的 TOPAS、日本的 AXESS 和 INFINI、南太平洋的 FANTASIA 以及 SITA 的 SAHARA 等。

1.2.1 发展阶段

1. 航班控制系统阶段

20 世纪 50 年代后期，面对旅客数目的稳步增长，亚美利加航空公司为准确而高效地随时保持一套航班座位的准确编目而与 IBM 公司联合开发了一套实时编目控制计算机系统，供航空公司内部使用，系统被命名为半自动业务环境研究(Semi-Automatic Bassimess Enviremont Research，SABER，1961 年更名为 SABRE)，1964 年投入使用。该系统为亚美利加航空公司带来出乎预料之外的好处，美国其他的主要航空公司也争相寻求此类新技术的应用。

在这一阶段，每个代理人为了能够代理各个航空公司的机票，必须装上不同的终端为各个航空公司代理，航空公司也要在各地建立自己的销售代理，因此产生大量重复建设和系统冗余。对于代理人来说，希望寻找到能够降低投资而保证收益不致减少的新的解决方案。

2. 计算机订座系统阶段

20 世纪 60 年代至 70 年代初，计算机订座系统虽然不断改进，但仍保持公司内部使用。由于意识到代理人能够通过自动化预订提高生产率，进而拓展航空公司的销售范围，增强航空公司的营销能力，亚美利加航空公司(SABRE)和美国联合航空公司(APOLLO)首先将其内部订座系统外部化，用于销售代理人。至此，ICS 转变为 CRS，GDS 的发展进入了第二个重要阶段，纯粹的自动化工具转化成为占领市场及获取竞争优势的分销网络。

1976 年，亚美利加航空公司推出"用户 SABRE"，将业务的扩展转向旅行代理与企业团体客户，其他系统紧随其后，于 1976 年后迅速地控制旅行代理市场，至此旅行代理商模式成为美国全境内航班分销的主要渠道。

在此阶段，各航空公司内部订座系统互相联盟，将资源聚集于 CRS 共同利用，建立多用户系统，与具有订座系统的航空公司连接，没有独自或合作开发此类办公自动化环境的一些公司，则采取与该系统业主技术合作的方式，将公司航班编目在计算机和通信方面转包出去，由拥有这样系统的公司为之保存与提取，从而避免了 ICS 给代理人销售多家航空公司机票带来的不便和浪费，预订效率和销售能力再度提高，旅客也因此得到更加便捷的服务。

3. 全球分销网阶段

在世界范围内，由于激烈的竞争、宽松的管制环境、得天独厚的技术条件和广阔的市场所带来的规模经济，美国的计算机订座系统具有最成熟的服务体系及最强的竞争力。而在美国以外的国家，虽然拥有自己的分销网公司，但在制度、市场上缺乏竞争及技术方面的制约，使其发展速度落后于美国同行。

20 世纪 80 年代后期，一些国家尤其是亚太地区国家普遍区域放松管制，面对迅速涌入的美国航空公司的激烈竞争，这些航空公司在不愿被挤出航空市场，又缺乏独立开发订座系统所需的巨额资金、先进技术人才的情况下，不得不采取组建地区性合作集团与同美国各系统结盟"双管齐下"的做法。由此，全球范围的计算机订座系统(全球分销系统)应运而生。

实质上，GDS 是 CRS 在分销广度、分销深度、信息质量及分销形式等方面的飞跃。从分销广度来看，GDS 能够在世界范围内提供交通、住宿、餐饮、娱乐以及支付等"一站式"旅行分销服务；从分销深度来看，GDS 给旅客提供专业的旅行建议，给供应商提供信息管理咨询服务，这些增值服务为旅客和 GDS 自身都带来了巨大利益；从信息质量来看，计算机(IT)技术的飞速发展，客户服务理念的不断增强，促使 GDS 提供的信息更加及时、准确、全面和透明，系统响应更为迅速，增加了客户的时间价值；从分销形式来看，GDS 可以通过电话、互联网、电子客票、自动售货亭、电子商务等多种方式为客户提供服务。

1.2.2 发展现状

目前，世界 GDS 四巨头 SABRE、WORLDSPAN、AMADEUS 和 GALILEO 都集中于北美和欧洲，它们连接着约 16 万家旅行代理和旅行服务供应商，占据了 90%以上的预订市场份额。而占全球运输总量 1/4 份额的亚洲航空公司虽然也预见到美国、欧洲系统对自己的威胁，并试图建立以亚洲为基地的 GDS，但是由于地域分散、文化差异、发展水平悬殊及政治不和睦等原因，没有形成合力，仅仅建立了国家或地区性的代理人分销系统。例如东南亚的 ABACUS，日本的 AXESS、INFINI，韩国的 TOPAS，运输市场含量有限，系统在规模上、市场上，尤其是技术上始终无法与 GDS 四巨头相匹敌。此外，印度两家骨干航空公司较早便拥有功能先进的订座系统，但未适时建立国家级的 GDS，在政府于 1995 年开放订座市场后的一年时间内，国内代理人被 SABRE、AMADEUS 瓜分殆尽，从而严重弱化了印度国内航空公司的竞争力，加大了分销成本，制约了民航业的发展。大洋洲、拉丁美洲、非洲也经历了与印度类似的过程。

1986 年，APOLLO 与 SABRE 两大系统合计创利润 1.821 亿美元，投资收益率 83%，1987 年 SABRE 在其 4.05 亿美元的总销售额中创利润 26%，而几家较小型计算机订座系统总共创利仅 5.7%。美国运输部的调查显示，自主开发新自动化订座系统的公司，在取得现金流量损益两平之前，应做好连续多年承担大规模亏损的准备，新加入这一市场的公司将面对大而强有力的市场进入障碍——财务风险与规模经济。因此，计算机订座系统市场不可避免的走向合并集中化。

在 1983 年，亚美利加航空公司提出过一份调查报告，使用"SABRE"系统销售航班的各旅行代理商曾以旅客增长率高达 20% 的成果为亚美利加航空公司带来利润，并且有迹象表明，即使屏幕显示上的偏向被完全消除，业主仍可借助光环效应获取长期剩余利益。从 1984 年起，美国运输部(DOT)、美国众议院运输委员会、欧洲民用航空会议(ECAC)及国际民航组织(ICAO)就致力于消除光环效应的"无偏向屏幕"的发展，但由于推动法案的制约措施的局限性以及此类系统显示功能强大、系统操纵的隐秘性之强，以致拥有自己广泛分布的订座系统的航空公司，迄今在扩大分销方面一直大为受益。这种现象所带来的后果是，一些航空公司拥有着最大量、最积极的用户的计算机订座系统，也就控制了市场份额，而一些较老的航空公司由于对此认识的缺失，逐步失去了拥有的市场。1987 年 1 月，据《旅游与杂志》印证，通过计算机订座系统预定的机票，70%～90% 来自第一次屏幕显示，50% 选自首页的前两行所列航班，至 1989 年，人们优先首页屏幕显示航班的倾向性稍有减弱(80% 来自第一次屏幕显示，50% 来自前三行)，但对最前列排名的航班仍然是非常有利的。

因此，在美国，航空公司对市场的争霸演变成一场各从属计算机订座系统对用户的争夺。同样，在中国民航运输市场，外商也无需直接参与航线的控制争夺战，只要控制了网络，也就拥有了"天空"。世界分销网联盟之一的某个系统有"35 万个城市，5200 万种票价，650 家航空公司的班期时刻表，另外可向 25 个以上空运业及旅行业有关的数据库综合存取。"而中国的计算机订座系统对应的数据为"300 个城市，5000 家旅行社，20 家航空公司与 130 个机场"。

对航空公司来说，世界分销网通过对其上层管理提供敏捷信息的方法，使公司为获得理想的排班航班利用率，而运用定价更好地调整座位的供求关系。世界分销网所存储的航空公司航班信息，更是航空公司开发离港系统、常旅客系统收益管理系统、电子售票系统等产品所必需的。因此，世界分销网不仅向旅客提供更广泛的服务，而且通过提高旅行产品价值的方法为航空公司提供了利润。

1995 年，国内机票销售代理业务蓬勃发展，民航计算机信息中心与国际各大代理人分销系统(SABRE、AMADEUS、GALILEO、WORLDSPAN、ABACUS 等)开始实行对等商务合作，即实现外航航班在国内的直接销售。既满足了国内航空公司在国外的销售需求，又满足了国内代理商销售国外航空公司服务的需求。

1.3 中国民航主机系统

我国国内所有航空公司、130 多家机场的实时数据传输和交换都是采用中国民航信息网络股份有限公司提供的技术。目前，中航信已建成以中国民航商务数据网络为依托，订座系统(包括 CRS 和 ICS)、离港系统(Departure Control System, DCS)、货运系统三个大型主机系统为支柱的发展格局。主机系统已发展成为中国民航最大的主机系统集群，为国内全部航空公司、机场和国内多家代理人提供服务，担负着中国民航重要的信息处理业务。

1.3.1 离港系统

1988 年，中国民航计算机信息中心引进美国 UNISYS 公司的 USAS 产品，建设中国民航离港系统。离港系统又称机场旅客处理系统(Airport Passenger Processing System, APPS)，主要提供旅客值机(CKI)、航班数据控制(FDC)和配载平衡(LDP)三大功能。

旅客值机是旅客购买机票后上飞机前必经的程序，包括处理旅客信息、确认机上座位、发放登机牌、交运行李等一系列操作；航班数据控制负责值机系统的数据管理工作，包括航班信息显示/修改、定期航班时刻表的建立/修改、飞机布局表的建立/显示/修改等；配载平衡是飞机起飞前代理人进行的飞机业载分配工作，确保飞机处于制造商要求的重量与平衡条件内的过程，包括建立配载航班信息、确定业载分布、打印舱单、发送相关报文等。CKI 与 LDP 可以单独使用，也可以同时使用。

离港系统在整个航空公司计算机信息系统中起着至关重要的作用。离港系统的推广使用，有利于提高民航的整体服务水平和工作效率，减少手工操作带来的误差，同时可为航空公司经营决策和政府行业监管提供数据支持。通常旅客系统、收益管理系统、电子客票系统、客运数据报告系统等都建立在离港系统基础之上。过去航空公司在业务相对简单的情况下，可以采用手工操作，而现在由于电子客票等对计算机的高度依赖，没有离港系统的支持，应付这些业务将是一件非常困难的工作。

从技术角度来看，离港系统由离港主机及安装在机场柜台的离港前端两部分组成。主机系统负责具体的数据处理，归航空公司所有。离港前端系统包括终端计算机及前端软件、登机牌打印机、行李牌打印机、扫描器等，只负责用户的接入，原则上由机场负责建设。但是，机场本身并不使用离港系统，是航空公司在机场使用离港系统。机场的任务是建立好值机柜台用户端到各离港主机的通道、系统发生故障时的应急备份措施及离港前端系统与机场其他信息系统的集成。

旅客在线购买电子客票成功后，会得到一个电子票号，在机场凭该电子票号和有效证件到人工值机柜台换取乘机凭证，获得报销凭证，也可以进行自助值机。根据自助值机柜台的提示，输入身份证(或其他有效证件)号码以及电子票号，就可以获得登机牌，完成值机手续，而且还可以自主选择座位。正常情况下，一名旅客使用这系统完成值机只需要一分钟，这将大大缩短旅客值机等待时间。实行电子客票后，离港系统中自助值机的出现将会大大减轻人工值机的压力，提高离港效率。

　　离港系统的应用与订座系统紧密相连。在办理值机前，离港系统需要向订座申请旅客名单报(RQL)，订座系统收到 RQL 后向离港系统传送旅客名单报(PNL)和旅客名单增减报(ADL)。航班关闭后，离港系统向订座系统传送最后销售报(PFS)和常旅客服务报(FTL)。PFS 提供详细的最后登机人数、头等舱旅客名单、候补旅客人数、订座未值机人数等，以便于订座部门控制人员了解航班实际使用情况。FTL 提供常旅客记录编号、常客卡号等信息。离港系统与订座系统的关系，如图 1.1 所示。

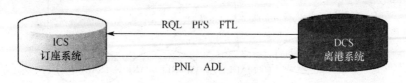

图 1.1　离港与订座的数据交换

1.3.2　订座系统

　　中国民航的订座系统包括 CRS 和 ICS。ICS 有 20 多家国内航空公司的数据，主要进行航班方面的管理。代理人分销系统 CRS 为代理人提供航空产品和非航空产品的销售。

　　中国 CRS 与 ICS 主机硬件和数据库相互独立，采用的技术连接方式是无缝存取级(Seamless)，这是直接销售级中的最高级别，使得系统连接极其紧密，可随时进行数据交换。航空公司的航班信息传送到代理人系统，代理人建立的订座记录也会传给航空公司系统。先进的技术手段，保证了系统间联系的准确性。代理人在销售国内航空公司的座位时基本感觉不到是在不同系统进行销售，销售的实时性和准确性是十分高的。航空公司的管理人员，借助于 ICS 与 CRS 的实时连接，可完成如下功能：

　　(1) 各类 PNR 的提取，座位确认、取消、修改 PNR 中的航段；

　　(2) 随时向 CRS 拍发航班状态更改电报；

　　(3) 针对 CRS 中的具体订座部门进行座位销售的分配与限制。

　　此外，为将我国的航空市场推向世界，中国 CRS 可以与国外航空公司的 ICS 连接，也可同国际上的大 CRS 连接，如图 1.2 所示。CRS 如何销售航空公司的座位是由 CRS 与 ICS 的技术连接方式及商务协议决定的。不同协议等级，见表 1.1 所列的连接方式使得它们之间传递数据时有着不同的影响。ICS 加入 CRS 的协议等级主要有无协议级、AVS 级、

表 1.1　连接协议等级与标识

连接协议等级	标　识
无协议级	空格
AVS 级	TY
直接存取级(Direct Access)	*
直接销售级(Direct Sell)	DS
记录编号反馈	AB

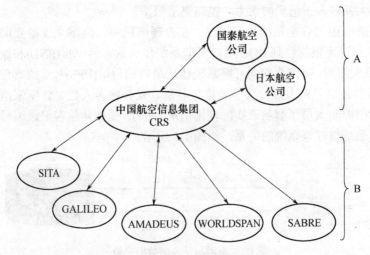

图 1.2　中国 CRS 与国外系统的连接

A—国外航空公司系统；B—国外 CRS。

直接存取级、直接销售级。目前，中国民航 CRS 已与国外主要的航空公司系统建立了级别较高的连接，可使代理人方便地查询和销售世界上绝大多数航空公司的航班座位。对于暂时无高等级连接的航空公司，代理人也可以在本系统内查询到该航空公司航班信息并通过申请方式订取座位。由于国外航空公司的数据不在中国民航的主机系统内，要想进行正常的销售，必须与外航系统连接，才能进行数据交换。

由此，可以看出，中国民航代理人分销系统的航班数据来源于：

(1) 中国民航航空公司系统 ICS；

(2) 国外航空公司系统；

(3) 国外 GDS；

(4) 静态航班数据(Official Airline Guide，OAG)。

与国外航空公司连接，可以对其直接进行销售，显示的内容也更加准确；与国外代理人系统连接，可以显示对方系统中的航班信息，更与众多航空公司建立起联系。

同时，两个系统的独立性决定了任何一个系统出现故障，都会导致代理人系统工作不正常。如果航空公司系统出现问题，航班数据无法准确的发送到代理人系统，代理人旅客订座记录也不能及时传送给航空公司系统；如果代理人系统停机，直接导致所有代理人无法工作。总体来说，两个主机系统的运行还是极其稳定的，2000 年全年可利用率达到 99.93%。

2006 年 10 月 10 日下午，由于中航信离港系统的计算机系统文件损坏导致主机"死机"，致使全国机场的离港系统受到影响。北京首都国际机场、上海虹桥机场、广州白云机场、长沙黄花机场等多个机场离港系统瘫痪。中航信主机"死机"后，虽然各机场及时启动了手工办理登机手续的应急预案，但仍给不少旅客造成了不利影响。在出现故障的 50 分钟内，首都机场有 33 架次出港航班出现延误，大部分航班起飞时刻显示与计划起飞时间的时间差在 10 分钟左右，最长的延误 1 小时 20 分左右。在此次事件中，航空公司设置的电子客票自助值机也受到较大的影响，航空公司只能采用人工的办法给电子客票的旅客办理手写登机牌。民航运输的最大优势就是速度快，类似系统瘫痪的突发事件频频出现将会使这个优势丧失殆尽。由中航信开发提供的除订座系统、离港系统外，还有运价系统、结算系统等。除春秋航空公司外，国内所有航空公司和机场都使用中航信的离港系统，航空公司租用前端系统，后台都是由中航信网络中心的主机进行处理和运行。订座系统也是由中航信唯一提供，如果中航信任何一个系统的主机出现问题，机场的登机手续都无法正常进行。国内航空公司若研发自己的离港系统，或者需要与中航信的订座系统和结算系统对接，或者需要将原有的订座系统和结算系统全部舍弃，全部自行重新设计，这将耗费大量的人力和财力。而中航信的离港系统和订座系统主机在一个中心，在技术传输、安全稳定的可靠性上就有更多保证，国内民航在对旅客服务及办理业务方面也可以有统一的操作平台。春秋航空公司自行开发的订座系统和离港系统，已分别在 2005 年 7 月和 10 月投入运营，但目前春秋航空公司的离港系统只可在上海和厦门两机场推广，其他机场并不愿意接受航空公司自己的离港系统，操作中还会遇到与其他运用中航信系统的航空公司无法代码共享等问题。

由此可以看出，民航信息化与其他行业信息化相比有着典型的行业特点：投资大、风险大(与安全飞行结合很紧)、产出不明显，相当一部分系统与其他行业不通用，如离港系统、集成系统、围界报警系统的特殊要求等。在建设民航的信息化过程中必须要考虑其安全性、可靠性、保密性等要求。电子客票的广泛应用将会加大对计算机信息系统的依赖，也对民航信息化的改进和完善提出了更高的要求。

1.3.3　货运系统

早在 20 世纪 70 年代，世界上先进的航空公司就已采用计算机系统来管理他们各自的货运业务。使用了计算机系统的航空公司充分显示出了他们的优势，因此迫使其他航空公司也必须采用高技术手段来参与经营。

中国民航航空货运业务起步较晚，一直采用落后的手工操作模式。为了改善中国民航经营手段落后的局面，提高服务质量，增强市场竞争能力，国家科委、民航局科教司于 1993 年决定将建设计算机货运系统立为"八五"科技攻关项目，由中国民航局计算机信息管理中心承担开发任务。此系统已通过国家鉴定，现已在南方航空公司、东方航空公司、北方航空公司、西北航空公司、厦门航空公司等公司和航站使用。

货运系统最基本的功能模块有：

(1) 静态数据管理，包括航班数据、城市数据、集装箱数据、营业员保密号的管理等。

(2) 航班舱位管理，包括舱位的分配管理、代理人的舱位管理及订舱等。

(3) 收运部门管理，主要工作就是建立货运的基本数据——航空货运单及打印。

(4) 仓库管理，包括仓库内货位的划分、货位内货物的管理及货物在仓库内的移动管理等。

(5) 航班出港管理，包括给航班配货、加货、生成并打印航班出港货邮舱单及拍发舱单报。

(6) 航班进港管理，包括接受进港文件、接受进港货物、货物的联运处理、货物的转运处理、发货、销号等工作。

(7) 货运代理人管理，包括代理人订舱、制单、查询等。

9

(8) QUEUE 处理，系统将各种不正常信息或重要信息放入 QUEUE 中，以便工作人员手工处理。

(9) TTY 处理，系统支持国际民航组织 IATA 规定的标准电报，可拍发舱单报、订舱报、查询报、运单报、航班查询报等。

(10) 自动运价处理，包括各种国际标准运价的建立修改，并可实现自动计算航空运费。

另外，由于许多航空货运企业选择自行开发或委托其他计算机信息网络公司合作开发计算机货运管理系统，各自使用的技术不同，设备互不兼容，无法实现全国范围的联网，造成了货运信息资源和网络技术资源的严重浪费，严重制约了我国航空物流的发展和整体经济效益的提高。

1.4　中国航空旅游分销系统

中航信的代理人分销系统将发展成为服务于整个航空及旅游业的一个通用系统。除了原有的航空运输业外，旅馆、租车、旅游公司、铁路公司、游轮公司等的产品分销功能也将容纳到代理人分销系统中来，使中航信的代理人分销系统能够提供一套完整的旅游服务，为旅行者提供及时、准确、全面的信息服务，满足消费者旅行中包括交通、住宿、娱乐、支付及其他后继服务的全面需求。

目前，中国民航 CRS 可以实现：① 国内外航班座位分销服务；② 运价系统服务；③ 常旅客系统服务；④ 机上座位预订服务；⑤ 旅馆订房等非航空旅游产品分销服务；⑥ 旅游信息查询(TIM)系统服务；⑦ 订座数据统计与辅助决策分析服务。

1.4.1　中国的 GDS 与 WTO

2002 年 12 月 11 日以后，中国民航遵守《服务贸易总协定》关于航空运输服务附件的有关规定，开放航空运输服务市场，兑现承诺。来自外国尤其是美国一些公司所拥有的飞机、财力、物力、技术、管理经验及追求最大限度的规模经济、主宰全球空运企业运力的欲望使得国内许多航空公司感到危机。美国的计算机订座系统商已开始向中国市场渗透，国内至少有 500 家星级饭店安装了 SABRE、AMADEUS、WORLDSPAN 等计算机系统商的销售终端。

加入 WTO 以后，跨境交付市场准入限制如下：

(1) 外国计算机订座系统，如与中国航空企业和中国计算机订座系统签订协议，则可通过与中国计算机订座系统连接，向中国空运企业和中国航空代理人提供服务；

(2) 外国计算机订座系统可向根据双边航空协议从事经营的外国空运企业在中国通航城市设立代表处或营业所提供服务；

(3) 中国空运企业和外国空运企业的代理直接进入和使用外国计算机订座系统须经中国民航总局批准。

上海航空公司为了解世界航空市场和参与竞争，已经我国民航总局批准，先后进入覆盖欧、美、亚航空销售 52％份额的阿迈德斯(AMADEUS)、伽利略(GALILEO)以及阿巴克斯(ABACUS)三大世界分销网。上海航空公司进入世界分销网，不仅是上海航空公司国内、国际航班信息，机票销售的进入，扩大了上海航空公司在世界民航机票销售中的影响，而且可以通过分销网及时了解市场信息，根据市场的需求调整航线、航班。目前，上海航空公司已通过分销网和境外 30 多家航空公司签订了机票联程协议，加大了国内航班与国际航班的衔接面，上海航空公司机票在分销网上为 60000 多人次提供订票、售票服务。

1.4.2 中国 GDS 建设内容

根据《中国 GDS 初步设计》，GDS 建设从科技角度划分为六个技术层面，即 GDS 核心系统建设、ICS 建设、数据服务体系建设、非航空产品与电子商务系统建设、主机平台建设及网络建设。

1. GDS 核心系统建设

GDS 核心系统是面向机票销售代理人、面向社会的分销系统。在 GDS 建设中，GDS 核心系统建设的主要内容是扩大系统信息量，丰富系统功能。具体体现在以下五个方面：

(1) CRS 系统完善。在现有功能基础上，进一步完善 CRS 日常功能，与外航的 ICS 的连接要支持多种连接方式，提高系统连接的准确性。具备连接其他专业网络的能力，扩大分销渠道。

(2) 自动出票系统。进一步完善 BSP 自动出票系统功能，增加 ATB2 的系统功能，完善遗失客票管理功能，并在 ICS、CRS 及电子商务系统中增加电子客票功能。

(3) 运价系统。建立航空公司运价发布系统，该运价系统可提供给代理人准确的运价信息，可供代理人自动计算运价，并可与国外运价系统相连，为航空公司销售走向市场化提供有利的武器。

(4) 代理人产品。代理人产品是 GDS 建设内容中为代理人服务的最直接体现。产品的主要功能是实现 GDS 信息汉化、提供良好的用户使用界面、为代理人提供 BACK OFFICE 功能与票证管理功能及减少航班旅客记录不匹配现象。

(5) 信息丰富与服务。增加系统中城市对的数量以及航班信息，提供更加大量、丰富、准确的国内/外可供销售的航班数据。并利用已开发完成的 FAX 与 EMAIL 功能，开发信息的自动通知系统，为航空公司、代理人及广大旅客提供更好的服务。

2. ICS 建设

ICS 是航空公司航班管理系统，ICS 的进一步完善与整体功能的提高是 GDS 建设的重要组成部分。原有的 ICS 已基本能满足国内航空公司的需要，但是在功能上尤其是外围辅助系统在订座系统上的应用方面还需要进一步开发完善。在 GDS 建设中，ICS 主要进行以下三个方面的技术改造：

(1) ICS 建设。ICS 自身系统建设是在现有基础上，进一步增强航班控制与管理功能，更好地为航空公司提供个性化服务；根据外航发送的 SSIM 报文自动建立航班；在开放系统平台上建设前端控制智能系统；具备在 ICS、CRS 与电子商务系统中实现电子客票的能力；具备国内机上座位预订功能并能够分销国外系统；对航空公司常旅客系统与收益管理系统进行必要的支持和帮助。

(2) GDS 相关的离港系统完善。主要包括提升离港系统与外航之间的 EDIFACT 连接等级，开发离港统计系统，自身整体技术的提高、在离港系统中建立开放系统平台

OPEN/ENV 以及机场信息系统数据库的基础建设工作。

(3) 航空联盟。在技术上支持航空联盟是 ICS 建设的重要内容。航空联盟是国际上非常流行的市场操作方式，航空公司通过与其他航空公司结成联盟以抗拒严峻的市场压力。它主要包括了以下两方面的建设内容：全面实现 IATA 为航空联盟提供的四种代号共享连接方式；更好地控制与管理系统和系统之间及航空公司与国外系统之间的连接，保证航空公司的利益。

3. 主机系统平台建设

GDS 是一个大的系统集群，其中 ICS、CRS 是基于大型主机系统平台设计的。由于 ICS、CRS 功能强大、数据来源丰富，而且用户数量庞大，因此要求主机的处理能力非常强大。其他的辅助系统通常采用开放平台技术。GDS 主机系统建设内容主要包括：

(1) 建立当前 ICS 及 CRS 的备份主机系统，规模不小于现有两个生产系统规模的总和，以保证生产系统的稳定运行，保证现有航空公司及代理人市场。

(2) 建设 GDS 核心系统平台，在核心系统平台上除了要搭建 GDS 核心系统的生产运行环境，还要建立 GDS 的开发、测试、培训环境。

(3) 建设灾难备份系统。采用当前世界上较先进的数据备份手段，通过高速网络实现两地机房磁盘系统的互连，建立两机房间的数据通道，达到生产数据磁盘完整备份。该备份系统将根据通信线路的实际保障情况(两机房之间的光缆连接)，争取做到完全的实时备份系统。

(4) 加强主机的运行维护管理工作，主要从提升 UNISYS 主机系统的维护能力、建立运行维护管理系统、完善测试手段及建立与生产系统环境完全相同的测试系统等几个方面进行。对于开放平台的资源配置，则可以根据实际应用需求给予灵活增扩。

4. 数据服务体系建设

数据服务体系建设是公司为客户进行技术延伸服务的最好体现。数据服务系统是将主机数据完整保留在数据仓库中，经过对各种数据的整理，产生大量为客户管理层服务的软件产品及向用户提供所需的数据。

建立数据服务平台对销售数据的统计分析、对航空公司的收益管理、对常客的管理等高层次的用户需求已经变的越来越迫切，数据服务平台的建立是解决以上用户需求必不可少的基础建设。

(1) 提供数据支持。向航空公司提供必要的数据，以帮助航空公司建立自己的收益管理系统与常客管理系统。

(2) 历史记录的数据服务。历史数据是非常宝贵的信息资源，它是决策支持系统所必备的资源。数据服务体系的建立将能够保存大量的长时间的历史数据，提供给用户更加优秀的服务。

(3) 市场导航系统。该系统能够向航空公司、机场与主管职能部门提供航班信息的统计分析数据，包括旅客订座数据、航班时刻信息、旅客流量统计与航线、航班统计分析信息等。

(4) 提供 MIDT/BIDT 数据服务。在数据体系平台上对航空公司所需求的数据进行加工，产生标准的市场信息数据带(MIDT)与账单信息数据带(BIDT)，航空公司在此信息基础上可进行各自独立的统计分析。

5. 非航空产品与电子商务系统建设

非航空产品与电子商务系统建设是中国 GDS 建设区别于传统 GDS 的关键所在，是体现中国 GDS 建设技术创新和跳跃式发展的突破口，是 GDS 建设的核心关键。

(1) 非航空产品。非航空产品的研制开发将有利于建立与国际、国内主要旅馆、旅游系统的直接连接，具备旅馆分销功能、出租车分销功能、旅游分销功能及航空保险分销功能。

(2) 电子商务。在技术上，电子商务系统建设的主要内容是丰富系统信息、提供旅游产品分销功能、提高支付能力，提供个性化服务，支持各种销售方式。

丰富的系统信息主要指丰富的航空类旅游产品信息、非航空类旅游产品信息及辅助旅游信息。包括航班、座位、舱位、运价、酒店、房价、租车、旅游地点、旅游热线、旅游知识、旅游新闻等。

旅游服务产品分销功能主要包括航空类旅游服务产品分销及非航空类旅游服务产品分销；航班座位与舱位的网上销售和预订，酒店客房网上预订及租车等。

网上支付功能的实现标志着电子商务在网上的全程实现。将逐步开展同国内所有具备网上业务的银行建立连接，实现国内主要信用卡的网上支付功能。

提供个性化服务是针对不同的客户提供他们所需的专有服务，如为旅游机构建立专卖店、为个人提供更便捷的操作等。

电子商务系统在技术上要支持 B2B、B2C 与 B2B2C 等销售方式。建立在 UNISYS 主机系统上的开放系统软件平台 OPEN/ENV 将作为电子商务系统与订座系统主机的信息交换平台。

6. 网络建设

在 GDS 建设中，网络建设的主要目标是在现有网络基础上，逐步转变为支持 TCP/IP 协议标准的开放网络，建立高效可靠的民航数据传输平台，除连接旅客服务、货运、机场离港系统外，还能够开拓潜在的网络增值服务市场。网络建设的具体内容主要体现在加强网络管理以及进行广域网改造两个方面。

(1) 网络管理。加强网络管理主要包括建设网管系统、建设网络计费系统及增强网络安全性等几方面内容。

(2) 广域网改造。广域网改造工作主要包括现有封闭网络的开放性改造、加强核心节点的网络建设、研制网络前端平台及研究 UNISYS 主机网络前端开放接口等几方面内容。

1.5　世界 GDS 比较

目前，国际上主要有 SABRE、AMADEUS、GALILEO、WORLDSPAN、ABACUS、TOPAS、AXESS 和 INFINI 八大 GDS 供应商，其中 SABRE 以 26.17 亿美元(2000 年)的销售收入，5.9 万个代理商的业绩占有了全球过三成的订座市场；来自欧洲的 AMADEUS 在代理人数量方面则始终保持相对于 GALILEO 的领先地位。2000 年 AMADEUS 的收入为 15.64 亿欧元，全球 23 万个销售终端上印有 AMADEUS 的标志。位居全球第四的 WORLDSPAN，其代理人数量始终保持在 20210 左右。

我国航空公司订座系统已与国外八大 GDS 实现了主机和主机的无缝直联，这意味着在将我国航空订座系统纳入国际分销系统体系的同时，国际竞争也同期潮涌而来。目前，在我国国内的外航服务公司，使用比较普遍的是 GALILEO 和 AMADEUS 两大计算机订座系统。

世界各大分销系统名称及标识见表1.2所列。

表 1.2　世界各大 CRS 名称及标识

地区	名　称	标识	地区	名　称	标识
美国	SABRE	1W	东南亚	ABACUS	1B
美国	WORLDSPAN	1P	日本	INFINI	1F
美国	GETS	1X	日本	AXESS	1J
欧洲	AMADEUS	1A	中国	中国 CRS	1E
欧美	GALILEO	1G	韩国	TOPAS	1T

1. GALILEO 订座系统

目前，伽利略国际公司(Galileo International)已宣布与广东易网通商旅资讯服务有限公司(ET-China Limited)达成战略合作，伽利略国际公司将协助在旅游技术和电子客票方面处于中国领先地位的 ET-China 在中国市场发展诸如在线预订及电子客票等方面的旅游应用分销，而这也将作为其在除美国市场之外的旅游市场投资和发展的战略计划的一部分。

该系统的特点是：

(1) 在输入命令的时候，命令符是以英语的说法的缩写构成，而且 GALILEO 系统好多的命令是有一个字母构成，国内所使用的订座系统基本上是 2 个字母，这样就显示了GALILEO 订座系统在使用方面上的简便性。

如查询1月15日北京—香港的航班情况，只需要按照如下格式输入命令即可：

>A15FEBPEKHKG　　　　　　　　其中A就代表Availability

(2) 该系统有 A、B、C、D、E 五个工作区。当代理人接起另一个订座电话时，无需中断正在执行的工作，只要更换工作区，即可开始查询或建立新的订座记录。

(3) GALILEO 系统可以提供全面的计算机辅助课程，可以随时进入课程学习使用系统中的各项功能。

(4) GALILEO 查询外航特别方便。在票价查询方面，能够非常快速准确地查询欧洲或美国境内的单段或多段价格，信息可靠。在同一个系统里，还能够订房和租车。其他的辅助功能如其行程单自动生成功能，能够把记录直接转换成行程单，非常详细，机上服务项目和出发到达的候机楼都有显示，还可以使用多种语言。

2. AMADEUS 订座系统

AMADEUS 计算机中心在德国的慕尼黑，而汉莎和美西北都是它的股东，方便查询欧洲航线和美洲航线。

AMADEUS 在系统建设过程中，采用了整体规划，分布实施，先易后难的原则，逐步把系统从 IBM TPF 和 UNISYS 等传统主机平台上转移到开放平台来。其 Service Integration 中间件和后台系统(Open Transaction Framework，OTF)，进行了非常好的封装。AMADEUS TPF 系统向开放系统转移已历时 10 年，计划 2011 年完成；运价系统转移也已历时 7 年，目前基本完成了转移。其他方面的系统和产品转移也分别历时 2 年~3 年不等，可见其长期巨大的研发投入。AMADEUS 计划到 2010 年、2011 年完成所有系统平台脱离主机向开放系统的转移，在这方面是所有 GDS 的领先者。在航空 IT 方面，AMADEUS 近年来取得了很大的突破。AMADEUS 自主开发的新一代航空公司订座和离港系统 Altea 基于开放平台技术，与其 GDS 高度整合，使用统一的 PNR。在开放系统技术上，为了降低成本，AMADEUS 大规模使用 LINUX 平台，在构建中间件系统时，为了降低成本，开发了替代 BEA Tuxedo 中间件的自用系统。

　　AMADEUS 的 Altea INV 系统已经在 BA 和 Quantas 投产运行，Altea DCS 系统的航班管理模块目前已在 Quatas 投产，Altea DCS 的旅客管理模块正在测试中，于 2008 年 6 月投产，整个 DCS 的系统开发已基本完成。

思 考 题

1. GDS 英文全称是什么？有哪些功能？GDS 典型的发展阶段如何划分？
2. 中国民航主机系统的构成及其主要业务功能有哪些？
3. 中国民航订座系统的构成有哪些？
4. 中国民航运输系统如何与国外运输企业建立对等商务合作？

第2章 民航运输销售代理

一般地，现代化航空运输企业的产品销售包括本企业销售部门销售、其他航空运输企业销售、旅游代理销售和销售代理四种渠道。

2.1 典型销售方式

1. 本企业销售部门销售

航空运输企业最原始、最基本的销售方式是由本企业的销售部门来销售自己所承运的客票。当企业在空运市场中所占份额有限，运输量不大时，往往仅采用这种方式。但是，随着航空运输企业运输能力的提高，在市场中占有份额增多，随着旅客需求量的增加，企业需要扩展自己的销售渠道，进一步开拓市场，以求进一步方便旅客，同时，提高了企业的市场竞争力和经济效益。

2. 其他航空运输企业销售

其他航空运输企业销售是指由承运航空公司以外的其他航空运输企业代为销售客票。这种情况尤其在联程或回程运输中会经常见到。例如，旅客旅行计划是：

北京(PEK)—上海(SHA)—广州(CAN)

这是一次联程运输，两个航段分别由中国国际航空公司(CA)和东方航空公司(MU)承运，若旅客在北京 CA 的售票处购买好全称客票，则对于第一段来说，是 CA 自己销售自己所承运的这一段客票，而对于第二段来说，是由其他航空公司(MU)代自己销售了由本公司承运的这段客票，这是航空公司销售的第二条渠道——由其他航空公司代理销售。这是一种比较传统的航空公司扩展销售渠道。

由于技术进步，还有一种有效的销售方法被世界上大多数航空公司所采用，这就是"代码共享"(Code Sharing)，即持同一个航空公司的同一航班机票，可以连续登上分属于两个航空公司的两架飞机；同一架飞机的同一个航次，可以同时代表两个航空公司的两个航班；也就是说，一个航班两个代号，或两个航班代号同时在一架飞机上。

3. 旅游代理销售

旅行社在安排旅客的旅游活动时，飞机票是使其计划得以实现的关键手段之一。因此，旅行社通常与航空运输企业签有协议，代理销售旅客所需的客票，这种销售渠道叫做旅游代理。

4. 销售代理

民用航空运输销售代理业(简称空运销售代理业)是指受民用航空运输企业的委托，在约定的经营范围内，以委托人的名义代为处理航空客货运输销售及其相关业务的营利性行业。旅客通过销售代理购买客票，航空公司通过销售代理销售客票。在我国，销售代理是目前机票销售的主渠道,大约占整个机票销售的 80%,而航空公司直销的比例只在 20%左右。

销售代理资格分为一类空运销售代理和二类空运销售代理两种类型。

一类空运销售代理,具有经营国际航线或者香港、澳门、台湾地区航线的民用航空旅客运输和货物运输销售代理资格。

二类空运销售代理,具有经营除香港、澳门、台湾地区航线外的国内航线的民用航空旅客运输和货物运输销售代理资格。

根据民航总局的统一规定,国内航线机票销售代理手续费的支付标准是机票票面价的 3%,国际票是 9%。但在实际操作过程中,不少航空公司实行的是(3+X)%的标准,其中的 X 是一个浮动值,取决于航线特点、航空市场淡旺季等因素。自 2008 年 10 月 1 日起,将改变现行由民航局统一规定手续费支付标准的管理方式,具体由航空运输企业与销售代理企业按照平等自愿原则,签订委托代理合同,在委托代理的业务范围内协商确定手续支付标准、支付条件、奖励办法以及管理办法,并于双方签订委托代理合同后 30 个工作日内,报所在地民航地区管理局备案。

1990 年,我国航空运输销售代理销售国内各主要航空公司的机票和收运的货物量约占各航空公司销售量的 40%,1992 年则达到 60%以上,其营业额近 40 亿元,约占我国航空运输收入的 1/3。1997 年,各类代理企业超过 5000 家,其中一类销售代理有 280 家。销售代理业务不仅包括国内客货运输,还包括国际客货运输及包机销售等服务项目。代理人的销售业绩,促进了航空公司的经营,同时也促进了航空公司与代理人的竞争,并使票务代理制度在竞争中不断完善。

2.2 代 码 共 享

代码共享最早出现在美国。近年来,代码共享已成为现代航空经营管理中开拓市场的最主要手段。

1998 年 8 月 18 日,美利坚航空公司与中国东方航空公司签署的代码共享协议开始实施,成为中美航空公司第一对代码共享的合作伙伴。

1. 代码共享对旅客的影响

(1) 代码共享维护难以独立支撑的航线,旅客是直接受益者。通过共用候机楼、协调航班时刻表和消除中转手续,旅客在订票、出票、值机、转机、行李转运、中转站服务等方面得到"无缝隙"服务,使包括几个航段在内的长途、跨国旅行变得更为容易。特别是代码共享航班为同一家航空公司航班(On-Line)营运,通过行李和座位分配简化登机手续,在同一候机楼区换机等,使其相对传统联运(Interline)更有优势。利用合作协议产生的经济效益,即运量/收入的增加和单位成本的减低,代码共享联盟的航空公司能够向旅客提供更低的票价,或延缓其上升的速度。

(2) 代码共享限制了旅客的自主选择权利。代码共享协调航班,使航空公司从运营效益的角度减少了城市对之间直达航班的数量,也就减少了某个航线上总的航班数量,不利于旅客选择合适的时间出行。随着代码共享伙伴的增多,计算机订座系统显示的可供旅客选择的航班数量成几何级数增加,查询结果被代码共享航班"淹没",可能会使旅客错过实际上更方便的通常的联运航班，从某种意义上说也限制了旅客的自主选择权利。

2. 在实践中代码共享的种类

(1) 完全代号共享，指共享航空公司和承运航空公司用各自的航班号共同销售同一航班，而不限制各自的座位数。

(2) 包座代号共享，指共享航空公司和承运航空公司达成合作协议，购买承运航空公司某一航班的固定座位数。共享航空公司只能在此范围内用自己的航班号进行销售。包座代号共享又根据所包座位能否在一定期限之前归还承运航空公司，分为锁定包座和灵活包座代号共享。

2.3 代理人的资格认定与管理

民用航空运输销售代理人(简称销售代理人)，是指从事空运销售代理业的企业。

申请销售代理资格的企业，必须具有独立的企业法人资格，也就是说必须在当地工商管理部门依法核准登记，同时还必须取得民航运输行政主管部门的批准(即必须取得一类或二类空运代理业务经营批准证书)，才能具有经营客运代理业务的资格。

1. 资格认证

自 2006 年 3 月 16 日起，民航总局和地区管理局分别将一、二类空运销售代理资格认定和相关管理工作正式移交中国航协。中国航协成立了航空运输客货销售代理人委员会，负责整体的代理人管理，包括代理资格认定、员工培训与上岗资格认定、机构的审批、建立健全民航销售代理业的各种管理法规，解决航空公司与代理人之间的纠纷等，它是沟通代理人与民航总局等行政管理部门的桥梁。民航总局和地区管理局实施行业宏观管理。各地管理局、航空公司分别负责管理本地区内的客货销售代理企业，并负责传达上一级机关的通知、规定，同时负责监督本地区代理人，保证他们在业务范围内合法经营。

2. 管理方式

民航客运代理的管理方式是通过双方建立的有效代理合同加以约束管理。在双方签订的代理合同中，还对代理方的营业地点及条件做出明确规定。例如，有固定的、面积不少于 20 米^2 的独立营业场所为指定机票销售点；有至少一部电话和一台图文传真机；有不少于两个保险柜；有必要的安全防火、防盗设备和措施；有两个以上的营业柜台一个用于售票，另一个用于收款；有供旅客休息和填写订座单的服务设施；有旅客须知、航线图、班期时刻表、运价表、保险须知、意见箱、座位再证实电话号码、问询服务电话号码、营业时间；有现行有效的民用航空运输规章制度和与经营销售代理业务相适应的资料、业务操作手册等。这些条件都是为了更好地开展民航运输服务所必备的，严格要求这些条件有利于树立并保持民航的良好形象。

对于从事销售代理业的员工，代理合同中也有明确的规定。一般对于二类销售代理机构，要有至少 3 人持有民航总局承认的有认定资格的机构颁发的业务合格证书。迄今为止，已有十几家机构具有销售代理业务培训资格，其中包括中国国际、东方、南方等航空公司，也包括中国民航管理干部学院、中国民航广州中专等院校。这些机构不仅负责对从事销售代理业务的人员进行培训，也负责这些人员的上岗资格认定。

中国航协按年度对销售代理企业的资格进行年检，年检时间为每年 3 月 1 日至 6 月 30 日。年检重点审查以下事项：

(1) 资格认可证书的有效期；

(2) 注册事项的变更情况；

(3) 从业人员资格证书；

(4) 销售情况。

2.4 代理双方的权利与义务

在航空公司与代理人签订的代理合同中，规定了代理关系双方应承担的义务和享有的权利。

1. 代理方——销售代理人的权利与义务

(1) 遵守国家与民航总局指定的相关法律与规章，包括《民法通则》、《中华人民共和国民用航空法》、《中国民用航空旅客、行李运输规则》、《民用航空运输销售代理业管理规定》、《关于航空运输销售代理若干财务管理问题的规定》，以及其他相关管理规定与通知。

(2) 在规定业务范围内，积极推销航空客运产品。在代理合同中，明确规定了代理人的业务范围及职责，包括：为旅客办理预订座位、回答询问；办理座位再证实、更改日期和航班、改变航程、换开客票、退座或退票；分发、陈列航班时刻表及适用的运价信息；正确指导旅客填写购票订座单；代收销售机票款、代收退票手续费；填制销售报告。

(3) 维护民航的形象，不得损害民航旅客的利益，并向航空公司提供销售反馈信息，保守民航客运机密。

(4) 妥善保管、正确使用民航客运运输凭证，如果发生运输凭证遗失、被盗、被损等情况，有义务按照合同规定进行赔偿。

(5) 在委托方认可的银行开设独立账户，专门存放代理委托方业务的代收款项。按时定期进行财务结算，填制销售经营报表，并上报上级管理机关。

(6) 提供双方协议认定的担保。

(7) 未经委托方同意，不得将代理方的权利转让给任何第三方。

(8) 代理人有佣金要求权、代理自主权、要求仲裁权。

2. 委托方——航空公司的权利与义务

(1) 支付给航空客票代理人手续费。按照代理业务的不同，支付不同费率的手续费。

(2) 委托方负责向代理方提供有关销售和财务的规定、规章、运价、承运条件、班期时刻表和其他必要的资料，负责及时通知代理方以上资料及相关政策的变化。

(3) 委托方有权利和义务对代理方的销售代理业务进行监督和管理，有权依据双方签订委托方与代理方的结算期为每周(或每两周、每月等)一次。代理方应按期根据已销售的票证，填制销售日报，连同客票清单、客票财务联、作废的完整客票、退款的乘机联、旅客联、退款单和银行汇款证明于双方协定的时间交与委托方。

(4) 代理方应指定财务结算人员，若变更或临时替换财务结算人员，必须提前一周通知委托方。

(5) 代理方不得以委托方名义对外举债，代理方与其他企业、事业单位和组织等发生的债务、费用，全部由代理方承担，与委托方无关。

2.5　航空运输组织

1. 中国民用航空总局

中国民用航空总局(简称民航总局)是国务院民用航空主管部门，对全国民用航空活动实施统一监督管理，根据法律和国务院的决定，在本部门的权限内，发布有关民用航空活动的规定、决定。

2. 中国航空运输协会

2004 年，民航总局党委根据党中央、国务院关于发展协会等社会中介组织的一系列方针政策，结合民航体制改革后的实际情况，出台了关于深化民用航空行业协会改革的指导意见，决定将原中国民用航空协会分立为中国航空运输协会和中国机场协会等各专业协会。经过各个发起单位一年多的精心筹备，中国航空运输协会(China Air Transport Association，CATA)于 2005 年 9 月 26 日正式成立。

1) 协会性质

中国航空运输协会是依据我国有关法律规定，以民用航空公司为主体，由企、事业法人和社团法人自愿参加结成的、行业性的、不以盈利为目的、经中华人民共和国民政部核准登记注册的全国性社团法人。

2) 基本宗旨

遵守宪法、法律法规和国家的方针政策。按照社会主义市场经济体制要求，努力为航空运输企业服务，为会员单位服务，为旅客和货主服务，维护行业和航空运输企业的合法权益，促进中国民航事业健康、快速、持续地发展。

3) 工作方针

以党和国家的民航政策为指导，以服务为主线，以会员单位为工作重点，积极、主动、扎实、有效地为会员单位服务，促进提高经济效益，努力创造公平竞争、互利互惠、共同发展的健康和谐的航空运输环境。

4) 协会精神

诚信服务、创新服务。

5) 目标任务

围绕国家改革发展大局，围绕企业经营的热点、难点，围绕维护会员单位合法权益，积极推进各项工作，坚定地走自立、自主、自律、自我发展的道路，以服务为本，把协会办成高效率、有信誉，具有国际影响的先进社团组织。

3. 国际民用航空组织

国际民用航空组织(International Civil Aviation Organization，ICAO)成立于 1944 年 4 月 4 日。它是政府间的国际航空机构现有成员国 150 多个，其宗旨是发展国际航空技术，保证全世界国际民用航空的安全和有秩序的增长。

4. 国际航空运输协会

国际航空运输协会(International Air Transport Association，IATA)是各国航空运输企业

(空运承运人)之间的联合组织，会员须是上述 ICAO 的成员国的航运企业。协会成立于1945 年 4 月 16 日，总部设在哈瓦那，主要致力于航空运输的安全和经济的研究，促进直接或间接从事国际空运业务的企业之间的合作。

思 考 题

1. 空运销售代理业和销售代理人的定义是什么？
2. 我国民航机票销售代理的主管部门有哪些？民用航空协会成立的航空运输客运销售代理人委员会职责是什么？
3. 民航机票销售代理有哪几类？
4. 简述民航机票销售代理企业及其员工资格认定的内容。
5. 简述民航机票销售代理双方的权利与义务。

第3章 订座基础

订座工作是民航旅客运输服务工作中一项重要的工作。订座工作的好坏直接影响到运输生产的效益。由订座代理人根据旅客要求利用订座服务系统建立旅客订座记录来完成。

为了空运企业之间在办理订座工作中正确表达各种相关信息，国际间对于订座工作中的专业术语，规定了一致的含义。

3.1 订座术语

(1) 订座(Booking or Reservation)：在特定航班上，对旅客预定的座位、舱位等级或对行李的重量、体积的预留。

(2) 超售(Oversales)：航班上已订妥的座位数略大于飞机提供的座位数。

(3) 出票时限：在起飞日之前出售工作必须完成的最短时间限制。对于旅客所预订的机位，航空公司具有一定的保留期限，一般要求提前 3 天出票，否则座位将被航空公司取消。不同的航空公司有各自的时限规定。

(4) 承运空运企业：承运或约定承运该客票所列旅客及其行李的所有航空承运人。

(5) 非承运空运企业：仅办理订座或售票而不参加旅客全航程运输的空运企业。

(6) 旅客订座记录(Passenger Name Record，PNR)：记录了旅客行程的必要信息，如姓名、旅行地点、时间、联系电话等。在订座系统中建立 PNR 必须包含姓名组、航段组、联系组、出票组、责任组。

3.2 航班、航段与航程术语

(1) 航班：飞机从始发站按照规定航线起飞经过经停站到达终点站的运输生产飞行。航班分为去程航班和回程航班。

(2) 班次：在单位时间内，通常用一周为标准，航班执行飞行的次数(包括去程和回程)。

(3) 去程航班：从基地站出发的飞行；回程航班：返回基地站的飞行。

(4) 国际航班：航班的始发站，约定经停站，终点站有一站以上在本国国境以外的飞行；国内航班：航班的始发站，约定经停点，终点站在本国国境内的飞行。

(5) 定期航班：执行时间固定不变的航班；不定期航班：没有固定时刻的运输飞行，是根据临时性任务进行的航班安排。

(6) 航班号：为了便于区别，并有利于业务上的处理，民航运输中按一定的方法，给各个航班编以不同的号码，并加上航空公司的两字代码。

我国国内航班号的编排是由航空公司的两字代码加 4 位数字组成，航空公司代码由民航总局规定公布。后面 4 位数字的第一位代表航空公司的基地所在地区；第二位代表航班基地外终点所在地区，其中数字 1 代表华北、2 为西北、3 为华南、4 为西南、5 为华东、6 为东北、8 为厦门、9 为新疆；第三、第四位表示航班的序号，单数表示由基地出发向外飞的航班，双数表示飞回基地的回程航班。

以 CA1206 为例，CA 是中国国际航空公司的代码，第一位数字 1 表示华北地区，国航的基地在北京；第二位数字 2 表示西北，西安属西北地区；后两位 06 为航班序号，末位 6 是双数，表示该航班为回程航班。

再如 CZ3151，深圳—北京的航班，CZ 为南方航空公司的代码，第一位数字 3 表示华南地区，南航的基地在广州；1 表示华北，北京属于华北地区；51 为航班序号，单数为去程航班。

国际航班号的编排，是由航空公司代码加 3 位数字组成。第一位数字表示航空公司，后两位为航班序号，与国内航班号相同的是单数为去程，双数为回程。

例如 MU508，由东京飞往北京，是中国东方航空公司承运的回程航班。

(7) 航程：飞行中所经停路线的空中距离。

(8) 航段：航程中两个经停点间的部分。

(9) 始发地：客票上所列旅程的原始出发地。

(10) 目的地：客票上所列的停止旅行的地点。

(11) 联程运输：旅客的航程由两个或两个以上不同航班所组成的运输。

对联程旅客订座，在航班衔接地点，应为旅客留有足够时间办理衔接航班的换乘手续，以免衔接不上。每一机场对国内航班之间的最短衔接时间会有不同的要求，订座时应向有关的机场询问。

联程航班衔接时间限制：

(1) 纯国内航班衔接不得少于 1.5 小时；

(2) 国际转国内或国内转国际航班不得少于 2 小时。

3.3　客　票　类　别

1. 按航程类型分为单程客票、来回程客票、联程客票

(1) 单程客票是指从一个出发地点到一个目的地点的客票，如北京—上海。

(2) 来回程客票是指从出发地点至目的地点并按原航程返回出发地点的客票，如北京—广州—北京。

(3) 联程客票是指列明有两个(含)以上航班的客票，如北京—上海—广州。

按照国际航空惯例，对于往返和联程机票，如果在某地停留时间超过 72 小时，无论是否已定妥后续航班机位，客人均需要提前至少 72 小时在该地办理后续航班的机位再确认手续。一般方法是：打电话给航空公司告知是否按时乘坐后面航班继续旅行；否则，航空公司有权取消机位。

对于国际机票，一般规定在转机点停留不超过 24 小时视为转机，超过则视为经停。

但有的航空公司规定不同，例如，加拿大航空公司就规定为 4 小时。

2. 按使用期限分为定期客票和不定期客票

(1) 定期客票是指列明航班、乘机日期和定妥座位的客票。

(2) 不定期客票(又称 OPEN 票)是指未列明航班、乘机日期和未定妥座位的客票。

代理人能否出 OPEN 票，应得到航空公司的授权。

3. 按销售类型分为航空公司客票和 BSP 客票

航空公司客票是指航空公司专用客票，是在客票上预先印有航空公司名称和数字代码的客票，可由航空公司售票部门及其指定代理出票。

BSP 客票也称中性客票，一般由代理人出票。BSP 客票是一种无地域差别，无公司个性的彰显；统一格式，统一填开方法；只有从票面内容上才能将承运人体现出来，且票据一旦开出，即被 BSP 的会员们接受，又是会员与会员之间进行结算的统一凭证，即标准运输凭证(Standard Traffic Documents，STD)。一般由航空公司销售代理出售。在此类客票上，没有预先印刷的航空公司名称和数字代码。

3.4 票价术语

客票价是指旅客由出发地机场至目的地机场的航空运输价格，不包括机场与市区之间地面运输费用。

国内航线客票价是根据旅客、航程和出票时间、地点等具体情况，向旅客收取票款的计算依据，由服务等级、旅程方式、正常票价、儿童/婴儿票价、特种票价、团体旅客特种票价等构成。

1. 正常票价

指在票价适用期内的头等、公务、经济各舱位等级的销售票价中的最高票价，单程单个成人全票价。允许进行签转和更改，一年有效。

2. 特种票价

指不属于正常票价的其他票价。不允许签转，有很多限制条件，有效期各异。

3. 儿童/婴儿票价

年满 2 周岁、未满 12 周岁的儿童应按适用成人全票价 50%收费，单独占用一个座位。未满 2 周岁的婴儿，按适用成人全票价 10%收费，不单独占用一个座位。

4. 服务等级与票价

服务等级是指为旅客提供服务的等级，按照提供服务的等级收取不同的票价。国内航线的客票价一般分为三个服务等级：头等舱票价——F，公务舱票价——C，经济舱票价——Y。

(1) 头等舱票价。空运企业在有头等舱布局的飞机飞行的国内航班上向旅客提供头等舱座位。头等舱的座位较为公务舱座位宽而舒适，向旅客免费提供的餐食及地面膳宿标准高于公务舱，每人免费交运行李的限额为 40 千克。

国内航线头等舱的票价是经济舱正常票价的 150%。

例如，广州—北京的 Y 舱票价为 CNY　1700.00，

则 F 舱票价为　1700.00×150%　=　CNY　2500.00

(2) 公务舱票价。空运企业在有公务舱布局的飞机飞行的国内航班上向旅客提供公务舱座位。公务舱座位宽度较头等舱窄，但比经济舱宽，餐食及地面膳宿标准低于头等舱，高于经济舱。每人免费行李额为 30 千克。

国内航线公务舱的票价为经济舱正常票价的 130%。

例如，广州—北京的 Y 舱票价为 CNY1700.00，

则广州—北京的公务舱票价为：1700.00×130% ＝ CNY 2210.00。

(3) 经济舱票价。空运企业在飞机飞行的国内航班上向旅客提供经济舱座位，每人免费交付行李的限额为 20 千克。其正常票价以国家对外公布的直达票价为基础。包括公布票价(代号 A，又称 A 类票价)和折扣票价(代号 B，又称 B 类票价)两种。

原则上，公布票价适用于境内、境外旅客在境外购买国内航班(含中国民航国际航班国内段)机票。折扣票价适用于境内、境外旅客在境内购买国内航班(含中国民航国际航班国内段)机票。自 2004 年 4 月 20 日起，中国民航总局取消航空运输板块所有国内航线的 A 类票价(即境外与境内所销售的所有国内航线的客票均采用 B 类票价)及国内航线的"燃油加价"。

5. 舱位与票价

舱位是一架飞机的座位区。航空公司票价一般分为头等舱、公务舱和经济舱三种等级。每种等级又按照正常票价和多种不同特殊优惠票价划分为不同的舱位代号。头等舱代号一般为 F、A；公务舱代号一般为 C、D 等。经济舱的代号，如有的航线经济舱划分为 Y、M、L、K、T 五种代号，代表不同的票价，分别拥有不同的座位数量。提供销售的座位数由舱位的情况而定，每一个可供销售的座位必定要对应于一种等级。世界上各个航空公司便于销售，均自行定义使用哪些字母作为舱位代号，无统一的规定。旅客只要预订上了规定的舱位，就可使用规定的价格。舱位 E、T、M、L、H、Q、G 等这些舱位代码只是表示旅客购买机票时的折扣，并不代表乘坐飞机时的服务等级。

6. 单程票价、来回程票价与联程票价

(1) 单程票价：适用于规定航线上的由甲地到乙地的航班运输，现行对外公布国内航线客票价均为航空运输的直达票价。

(2) 来回程票价：由两个单程票价组成，一个是使用直达票价的去程运输；另一个是使用直达票价的回程运输。

(3) 联程票价：是旅客的航程超过一个以上航班，需在航班的中途站或终点站换乘另一个航班才能到达目的地。联程票价是将旅客所乘坐航段的票价相加，作全程票价。

7. 燃油费和机场建设费

燃油费是按航行距离算的，自 2008 年 12 月 25 日起，800 公里(含)以上航线按 40 元收，800 公里以下航线按 20 元收。按成人普通票价 10%计价的婴儿继续免收国内航线旅客运输燃油附加；享受按成人普通票价 50%计价优惠待遇的革命伤残军人、因公致残的人民警察及儿童(含无成人陪伴儿童)，国内航线旅客运输燃油附加继续实行减半收取，即 800 公里（含）以上航线收取 20 元，800 公里以下航线收取 10 元。

机场建设费是按机型收的，对于乘坐国内支线小机型的航班，每航段机场费为 10 元；国内航段中大机型的机场税为 50 元，国际航段的机场税为 90 元。2006 年，经国务院批

准，机场建设费征收期限延续至 2010 年 12 月 31 日。

3.5　订座的要求及程序

3.5.1　订座的一般要求

(1) 旅客订妥座位后，凭该定妥座位的客票乘机。不定期客票应向承运人订妥座位后方能使用。

(2) 已经订妥的座位，旅客应在承运人规定的时限内购票，否则座位不予保留。

(3) 承运人可在必要时暂停接受某一航班的订座。

(4) 承运人应按旅客定妥的航班和舱位等级提供座位。

3.5.2　订座的一般程序

(1) 旅客通过网站或代理人订座、支付、出票，得到或自行打印行程单(非必要)；

(2) 旅客在机场电子票柜台出示身份证件，值机人员办理值机手续，旅客将得到登机牌及报销凭证；

(3) 旅客持登机牌、身份证件、报销凭证通过安全检查；

(4) 旅客持登机牌登机。

3.5.3　订座信息的传递

在民航运输服务工作中，订座是第一环节，它是对旅客乘机旅行的情况进行记录，所有关于旅客旅行及通信地址的情况组成了订座信息。包括：

(1) 旅客姓名；

(2) 航班号，座位等级，日期，航程；

(3) 联系地址(电话号码)。

可选择的订座信息有：为住宿目的预约需要特殊服务的项目，如特殊餐食，有关注解说明，如婴儿、儿童、团体。

以上旅客订座信息的记录称为旅客订座记录(Passenger Name Record，PNR)，在联网终端机输入，记录进入计算机订座系统。

本航空公司订座受理部门和订座代理部门，使用通过通信线路或卫星通信与本航空公司计算机联网的终端订座、订座信息会自动在通信中传递。外航(非本航空公司)订座，首先外航计算机中心需要将信息传递到本公司计算机中心，然后再传递到座位控制部门，从而实现订座信息的传递。

订座及货物预约信息再航空公司各部门之间的传递，在整个航空运输生产过程中都起着及其重要的作用，计算机通信系统把整个运输服务部门连成一个整体，通过信息的传递沟通服务部门之间的联系，使各部门的工作协调、一致，保证航班的正常运行，提高经济效益。信息传递在起飞机场的作用很多，准备餐食、登机手续、飞机调整、机组调整、座位调整、配载计算、航班货物计划等工作均需要信息在公司各部门之间传递来完成。

3.5.4 订座控制

航班接受订座，停止订座的日期时间及各种订座信息的统计和处理由座位管理部门统一管理，控制航班座位的式用式管理部门的主要任务，航班控制的目的是提高座位利用率，座位利用率可以用下列公式来表示：

航班座位利用率＝（实际乘机旅客人数/可供销售座位数）×100%

提高航班座位利用率是提高航空公司经济效益的一个重要方面。

1. 航班控制方式

1) 航班始发站控制

航班始发站控制的方法即将某一航班的座位集中由该航班的始发站控制，各有关销售单位可通过直接出售或申请的办法订座。始发站控制的方法管理起来比较简单，但对于联程，来回程的订座控制有许多不利影响。由于回程或联程的下一航班的座位控制是由下一航站进行管理，因此销售部门事先应向始发站申请座位。当承运空运企业与航班座位控制空运企业不是统一空运企业始，就会出现航班控制不利于座位利用率提高的现象，不过在一些航班尚使用手工操作的条件下，为了弥补通信条件的不足，同时为了便于航站始发站的座位销售，对个别手工操作或尚未联网的订座地点销售的航班座位，采用始发站控制的方法。

2) 集中控制

集中控制是指整个航班联程或来回程的座位，集中由一个或两个订座中心统一控制，并根据规定或协议，给予各有关的销售单位以直接出售的便列。集中控制便于随时掌握整个航班的订座情况，以便统一调配，使航班座位得以充分利用，减少虚耗，提高订座工作效率和客座率，争取更多的旅客，减少往返电报的费用，有利于空运企业对航班的控制和管理，目前世界上普遍使用集中控制航班座位的方法。

3) 固定配额控制

作为航班始发站控制和集中控制方式的补充，对于旅客较为集中的某些航班始发站或中途站，座位控制部门可在规定的时间内，留出一定数额的座位，供这些航站销售，并在规定的时间内将未出售的座位交还给该航班的座位控制部门。

2. 航班控制方法

航班控制的方法就是根据时间及相关因素对航班座位布局进行调整，以达到提高航班座位利用率的目的。

计算机订座系统中提供了航班座位的控制功能，在每一个编目航班记录中，包含有一个特定座位布局表号，即一架飞机的特定布局包括各舱的座位数，只要使用不同的座位布局表，就可以在该编目航班记录中，得到不同舱位座位布局形式，以使可销售的座位数随着飞机起飞前日期的变化有所不同，从而达到控制航班的目的。此外，还可以通过调整舱位和座位数，设置载量控制公式(PCF)数或表号，修改航班舱位可利用状态电报(AVS)表号等方法控制和管理航班。

3. 一般控制功能

航班座位控制的目的在于有效合理地利用航班座位，通过订座和控制人员对航班座位的管理，充分使用订座系统的控制功能指令，对航班的座位进行控制和管理，以提高航班座位利用率。

1) 调整航班舱位和座位

控制人员可以利用 PCF 表对航班的座位进行控制和管理，也可以用 IMS 功能指令对舱位和座位数进行增加或减少的调整，以达到管理航班座位的目的。

2) 改变航班的座位布局

每一编目航班记录的起飞城市中包括有一特定的座位布局表号，也就是包括某一机型的各舱座位的特定布局，可以随时通过修改座位布局表号选择不同的舱位。座位的数量和布局。当不存在合适的座位布局时，控制人员可以使用实际的座位布局。

该功能用于改变航班或航班航程上城市的座位布局表号，除航班号和日期之间的斜线外，其余斜线均可省略。通过该指令可以对航班座位进行控制和管理。

3) 航班载量控制

载量控制公式中的每一项包含一个有关座位的百分数，根据飞机实际容量计算可供销售的座位数，对于给定舱位的可销售座位数等于航班舱位的实际容量乘以 PCF 值的百分数。

该功能使控制人员对航班或航段上的载量控制公式进行修改，以获得较高的座位利用率。为有效地使用载量控制公式，以提高座位利用率，系统内存有一定数量的载量控制公式，这些公式以表格方式表示，包含有座位的百分比数以分配给航段，百分比数随航班起飞天数的变化而变化，随着航班起飞前日期的减少，PCF 的变化加快。

在 PCF 表号为零的情况下，控制人员可以使用 PCF 数代替 PCF 表。PCF 数值必须在-127～+127 范围之间使用。

限制销售(Limit Sell)控制功能是用来限制一个航班上某次航段座位的销售，保证长航段或其他特定航段座位的销售，以使整个航班处于一个比较理想的订座布局，提高航班整体经济效益，限制销售的数值可以对进入某城市，或从某城市出发的所有航段，或在某一特定的航段上实行限制销售。限制销售既可以使用在编目航班中定义的实际数值，也可以通过表号实行限制销售，若使用表号，限制销售数值将通过日期的变化，由系统自动修改，如果不使用表号，可在航班建立时使用实际数值实行限制销售。

该功能允许订座人员修改进出某个城市或在一个指定航段上的限制销售表号。当不使用表号时可以修改实际的限制销售数量。限制销售数量为 0 时，表示不限制销售数量，限制销售数值为 1 表示不接受任何座位的销售。

当销售座位数等于或超过限制销售数值时，系统会向座位控制部门发送限制销售QUEUE 项目，并停止接受订座。如果需要，系统会拍发 AVS 电报说明限制销售情况，该种限制下只对一般订座人员和申请座位情况有效，自由销售、航班更改和控制人员订座不受限制销售的影响。若座位的销售超过了限制销售的数值，系统会将有关超售的 PNR编号送到航班座位控制部门的 OR QUEUE 中。

只有在限制表号为 0 时，才能输入实际限制销售数值。

思 考 题

1. 我国航空运输服务等级如何划分？与票价有何关联？

2. 空运企业间的代码共享是什么含义？
3. 我国规定的航班号如何编排？
4. 什么是超售？
5. 航节、航段和航程三个概念有什么区别？
6. 舱位与等级有什么不同？

第4章 代理人分销系统

由于 CRS 销售功能强大，而 ICS 注重航班管理、控制功能，同时 CRS 也可以满足航空公司日常销售的需要。因此，本章及以后将主要介绍 CRS 中的操作指令。

民航销售人员通过显示终端使用系统。eTerm 软件是由中航信自主开发的通用网络前端平台，该产品以普通 PC 和 Windows 98(及以上)为软硬件操作平台，采用软件仿真终端，综合其他先进软件技术，通过 Internet 或中国民航商务数据网访问中航信主机系统，在实现与传统订座终端完全相同的功能基础上，增加了图形化操作功能。

在代理人分销系统中，代理人的信息如部门代号(Office Code)、部门终端号(Device PID)、代理人工作号以及代理人得到授权的航空公司等信息，都被建立在系统数据库中。

一个代理人有一个部门代号(Office)，如 BJS191、DLC160。

代理人工作号包括密码、级别等内容。在 CRS 中，工作级别一般为 41，每个工作号只能在自己的部门使用。

一个部门中可以有多台终端，而每一台终端只能属于一个部门；同一个部门可以共享打票机；每台终端或打票机都有唯一的一个 PID。

系统向代理人提供了一组控制指令，包括 DA、SO、SI、AI 和 AO，通过显示终端访问民航系统主机。

4.1 进 入 系 统

代理人订座终端线路接通后，便可以进入中国航信主机系统，进行航班信息查询及座位销售。

首先输入：

>$$OPEN TIPC3　[F12 键]

系统显示：

SESSION PATH OPEN TO: TIPC3

这就表示已经进入了中国民航代理人分销系统。

中国民航生产系统的标识分别为：

TIPB– (ICS/航空公司系统)　　　　DEMB

TIPC3– (CRS/代理人系统)　　　　DEMC

TIPJ– (DCS/离港系统)　　　　　　DEMJ

测试系统的标识分别为：

TIPE1– (ICS/航空公司测试系统)　　　DEME

TIPD3– (CRS/代理人测试系统)　　　　DEMD

开发系统的标识分别为：

TIPE3– (CRS/代理人开发系统)　　　DEME

4.2　查看终端状态(DA:)

DA 用于查看本终端的 PID 号及代理人工作情况。

指令格式：

>DA:PID

或

>DA:

PID 为终端的PID号，缺省时指本终端。

例　查看本终端工作状态。

>DA: [F12 键]

```
A        12632    22MAY    0700      41    PEK999
B        AVAIL
C        AVAIL
D        AVAIL
E        AVAIL
PID   = 70469     HARDCOPY   = 1112
TIME =  1102     DATE =   22MAY      HOST = LILY
AIRLINE = 1E     SYSTEM =   CAAC05  APPLICATION =   3
```

【说明】

(1) 一台终端有 5 个工作区 A、B、C、D、E，可以分别被 1 个～5 个代理人使用。

(2) AVAIL 表示工作区资源未被占用。

(3) 系统中的每台终端都有唯一的由控制人员定义的终端号(PID　号)，HARDCOPY 表示打票机号。

4.3　输入工作号(SI:)

代理人在系统中通过工作号来标识的。工作号又称为 sign-in 号，每个工作号对应一个唯一的 1 个～5 个十进制数字。使用 sign-in 进入系统时，根据此 sign-in 在系统中的定义，进行各种保密及限制检查。当系统允许此工作号进入系统后，则 sign-in 号被登记在一个独立的工作区域内(A、B、C、D 或 E)，此时代理人便可使用其工作号开始工作，但在同一时刻只允许一个区域工作，这个区域叫做当前工作区。

一般地，定义在某部门终端上的工作号只能在该部门的终端上使用。

指令格式：

>SI:工作号/密码/级别

例 工作号为25005，密码为12345a，级别41的代理人准备进入系统：
> SI:25005/12345a/41　　[F12键]
【说明】
若正常进入，系统将显示系统注册公告信息，如：
PEK999　SIGNED IN B
正常进入后，可用DA显示本终端状态：
>DA:

A	12632	22MAY	0700	41	PEK999
B*	25005	22MAY	0943	41	PEK999
C	AVAIL				
D	AVAIL				
E	AVAIL				

PID ＝70469　HARDCOPY ＝1112
TIME ＝ 1102　DATE ＝ 22MAY　HOST ＝ LILY
AIRLINE ＝ 1E　SYSTEM ＝ CAAC05　APPLICATION ＝ 3

可以从系统显示上看出，工作号25005已于5月22日，09:43进入系统工作。
"*"号是活动工作区标志。

出错信息提示：
　PROT SET　　　　　　　密码输入错误
　USER GRP　　　　　　　级别输入错误
　PLEASE SIGN IN FIRST　请先输入工作号，再进行查询

4.4　临时退出系统(AO:)

在某些情况下，代理人需要暂时离开，可用 AO 指令将工作号从系统中临时退出。
指令格式：
>AO:

例 假设工作号 25005 已在终端 70469 上进入系统：

A	12632	22MAY	0700	41	PEK999
B*	25005	22MAY	0943	41	PEK999
C	AVAIL				
D	AVAIL				
E	AVAIL				

PID ＝70469　HARDCOPY ＝1112
TIME ＝ 1102　DATE ＝ 22MAY　HOST ＝ LILY

```
AIRLINE = 1E      SYSTEM =   CAAC05   APPLICATION =   3
```

现欲临时退出，则应键入：

>AO:　[F12键]

系统返回：

>AGENT B—OUT　　　　　　　　　　　　　表示临时退出成功

再用 DA 显示 PID 70469 状态，如下：

>DA:70469

```
A        12632     22MAY     0700      41    PEK999
B        25005     22MAY     1525      41    PEK999
C        AVAIL
D        AVAIL
E        AVAIL
PID    = 70469     HARDCOPY   = 1112
TIME =  1526       DATE =   22MAY        HOST = LILY
AIRLINE = 1E       SYSTEM =   CAAC05   APPLICATION =   3
```

比较两者的 DA 显示，可发现在输入 AO 以后，B 工作区的活动标识*号没有了，说明在输入 AO 以后，B 区已由"活动区"变为"非活动区"。

这时，在临时退出的状态下进行任何操作，如：

>SO:

系统都将显示："PLEASE SIGN IN FIRST"，即要求工作员重新进入系统后再进行其他操作。

4.5　恢复临时退出(AI:)

当代理人在临时退出系统以后，再重新进入工作，要用 AI 指令恢复临时退出的系统功能。但代理人只能登录到原来的工作区。

指令格式：

>AI:工作区/工作号/密码

例　接上例，工作号 25005 欲重新进入系统，必须键入如下命令：

>AI:B/25005/12345a

如果输入错误，如：

>AI:A/25005/12345a

系统将提示"AGENT ID"，表示工作区输入错误。

如果输入正确，系统将显示："AGENT B-IN"，表示重新注册成功，再用 DA 指令查看终端状态。

>DA:70469

```
A        12632     22MAY     0700      41    PEK999
B*       25005     22MAY     1525      41    PEK999
```

```
C        AVAIL
D        AVAIL
E        AVAIL
PID    = 70469    HARDCOPY  = 1112
TIME = 1528      DATE =  22MAY       HOST = LILY
AIRLINE = 1E     SYSTEM =  CAAC05   APPLICATION =  3
```

4.6 退出系统(SO:)

当代理人结束正常工作，须用 SO 指令将工作号退出系统以防被人盗用。

指令格式：

>SO:

例 接上例，将工作号 25005 退出系统。

>SO:

若正常，系统显示

"PEK999 25005 SIGNED OUT B"

表示 PEK999 工作号 25005 从 B 工作区退出(SIGNED OUT)，这时再看 PID70469 状态：

>DA:70469

```
A        12632   22MAY   0700      41   PEK999
B        AVAIL
C        AVAIL
D        AVAIL
E        AVAIL
PID    = 70469    HARDCOPY  = 1112
TIME = 1600      DATE =  22MAY       HOST = LILY
AIRLINE = 1E     SYSTEM =  CAAC05   APPLICATION =  3
```

【说明】

(1) 在有时退号时，系统显示提示信息而不让退号，这表明该工作号在退号时还有其他未完成工作；

(2) 代理人系统在北京时间 00:00、06:00、12:00、18:00 对世界各地不同时区的终端进行自动退号，对中国大陆地区代理人讲，只在北京时间 00:00 自动退号。

出错信息提示：

PENDING   表示有未完成的旅客订座 PNR，在退号前必须完成或放弃它。

TICKET PRINTER IN USE   表示未退出打票机的控制，退出后即可。

QUE PENDING   表示未处理完信箱中的 QUEUE，QDE 或 QNE。

PROFILE PENDING   表示未处理完常旅客的订座，用 PSS:ALL 处理。

34

4.7 密码的修改(AN:)

每一个工作号都有密码，除代理人自己外，其他人员无从得知其他人的密码。一般地，计算机系统记录每个代理人输入的订座内容，并且是通过其工作号记录的，换句话讲，一旦操作出现问题，将追究该工作号对应的代理人的责任。因此，每个代理人应注意更改密码，避免工作号被他人盗用。

密码由最多 5 个数字及 1 个字母组成，如 12345A，123B，9T 等均是有效保密号，而 123，ABC，12BB，1W2E 等均不是有效密码。

密码的修改要遵循以下步骤：

(1) 成功进入系统，输入工作号(SI，使用原密码，假设为 12345a)；

(2) 用 AN 指令进行修改；

(3) 退出系统(SO)；

(4) 重新进入系统(SI，使用新密码)。

指令格式

>AN:旧密码/新密码

例 假定有工作号 11111，原密码为 123A，现欲改为 888F。

(1) 进入系统：>SI:11111/123A/41；

(2) 用 AN 指令进行修改：>AN:123A/888F；

(3) 退出系统: >SO:；

(4) 重新进入系统：>SI:11111/888F/41；

可以看出，在下次再进入系统时，已改为新密码 888F。

4.8 系统功能帮助(HELP:)

代理人系统提供了一个功能帮助指令HELP，供代理人日常查询使用，有效地帮助代理人了解系统指令的使用方法。

指令格式：

>HELP:功能指令

例 查询AV指令的使用方法。

>HELP:AV

```
***    如何使用指令 ---> AV      ***
显示座位可利用情况.
   格式 1:  提供城市对
       例   AV:PEKJFK 10DEC/1100/CA/C1
   格式 2:  指定经停站
       例   AV:PEKJFK/10DEC/1100/5/MU/ORD45
```

格式3: 提供航班号
　　例　AV:CA981/PEKSHA/5
格式4: 全部座位等级座位情况显示
　　例　AV:C/2

4.9　其他辅助功能指令

1. 清屏(CP:)

当某个功能显示使代理人系统界面满屏后，可用 CP 指令清屏，重新执行，显示结果从第一行开始。

2. 翻页(PN、PB、PF、PL)

代理人系统中，某个功能的显示内容多余一页，可用翻页指令进行内容显示:

PN　下页　　PAGE NEXT

PB　前页　　PAGE BACK

PF　最前页 PAGE　FIRST

PL　最后页 PAGE　LAST

PG　重新显示当前页　PAGE

3. 日期/时间查询

DATE:日期/天数/天数 (缺省日期将默认为当前日期)

TIME:城市/日期/时间/城市(不输入参数，显示当前时间)

4. 国家/城市/机场信息查询

>CNTD:T/城市名　　　　　　　根据城市名查城市/机场三字代码

>CNTD:A/城市名前几个字母　　根据城市名称前几个字母查三字代码

>CNTD:N/国家名称　　　　　　根据国家名称查国家两字代码

>CNTD:C/国家两字代码　　　　根据国家两字代码查国家全称

>CNTD:M/航空公司名称　　　　根据航空公司名称查航空公司两字代码

>CNTD:D/航空公司两字代码　　根据航空公司两字代码查航空公司名称

>CD:三字代码　　　　　　　　根据三字代码查城市名

思 考 题

1. 判断下列说法对错:

　　(　)一个部门中可以有多台终端，一台终端可以属于多个部门。

　　(　)每台终端或打票机的 PID 不唯一。

　　(　)营业员工作号可以在任意部门使用。

　　(　)临时退出之后，该工作区仍然处于活动状态。

　　(　)工作人员恢复系统临时退出，可以随机登录到任何一个工作区。

2. 工作号为 63589，密码为 6816P，级别 41，下列能正确进入系统的指令是(　　)。

A. >SI:63589/6816P/41　　　　　　B. >SI: PC123/6816P/41

C. >JI:63589/6816P/41　　　　　　D. >JI: PC123/6816P/41

3. 下列操作 CRS 不能完成的是(　　)。

   A. BSP 电子客票　　　　　　　　B. 酒店客房预订

   C. 飞机配载平衡　　　　　　　　D. 常旅客管理

4. 代理人系统是通过与众多民航系统的连接而达到销售的最终目的，连接等级标识有的单独使用，有的组合使用，有的是空格。说明以下标识各表示什么连接方式。

   DS#:　　　　　　*:　　　　　　空格:

5. 下列指令可以正确进入 CRS 的是(　　)。

   A. $OPEN TIPC3　　　　　　　　B. $$OPEN TIPC3

   C. $$DA TIPC3　　　　　　　　　D. $PID TIPC3

6. 下列字符串可以作为 CRS 保密号的是(　　)。

   A. N123M　　　　B. C12BC　　　　C. 3817Z　　　　D. 123AB

7. 下列不属于 1E 系统子系统的是(　　)。

   A. 货运系统 ACS　　　　　　　　B. 离港系统 DCS

   C. 代理人分销系统 CRS　　　　　D. 收益管理系统 PROS

8. 下列哪组属于订座系统的两个分支(　　)。

   A. ACS 和 DCS　　　　　　　　B. CRS 和 ICS

   C. GDS 和 CRS　　　　　　　　D. DCS 和 ICS

9. 若需要临时退出系统，则键入的指令是(　　)。

   A. JJ　　　　　B. AO　　　　　C. AN　　　　　D. AI

10. 工作结束后需要完全退出系统，则键入的指令是(　　)。

   A. JO　　　　　B. AO　　　　　C. JI　　　　　D. SO

11. 所有普通代理人的工作级别都是(　　)。

   A. 11　　　　　B. 21　　　　　C. 41　　　　　D. 42

12. 临时退出系统后，若需要重新恢复进入系统，则键入的指令是(　　)。

   A. JM　　　　　B. AI　　　　　C. AO　　　　　D. SI

13. 根据城市代码查城市名，所用的指令是(　　)。

   A. CD　　　　　B. CNTD　　　　C. CNTD/C　　　　D. CNTD/D

14. 根据航空公司代码查航空公司名,所用的指令是(　　)。

   A. CNTD/M　　　B. CNTD/A　　　C. CNTD/C　　　　D. CNTD/D

15. 订座系统中设置的工作区资源有(　　)个。

   A. 3　　　　　B. 4　　　　　C. 5　　　　　D. 6

第5章 航班信息查询

代理人在实现航班座位销售时，首先要通过一些指令查询满足旅客需求的航班信息，才能为旅客创建订座记录中的航段。

5.1 座位可利用情况(AV:)

AV 指令用于查询航班座位的可利用情况，及航班号、起飞到达时间、经停点等，是一个非常重要的指令。

指令格式：

>AV:选择项/城市对/日期/起飞时间/航空公司代码/经停标识/座位等级

格式说明：

(1) 选择项有以下几种：

P 显示结果按照起飞时间先后顺序排列

A 显示结果按照到达时间先后顺序排列

E 显示结果按照飞行时间由短到长排列

系统默认为 P

(2) 城市对为必选项，其余为可选项。

5.1.1 国内航空公司航班信息查询

例1 显示（指定日期）7 月 21 日（21JUL）的北京（PEK）到上海（SHA）的航班座位情况。

>AV:PEKSHA/21JUL

显示：

```
 21JUL05(THU) PEKSHA

1- *CZ7123   PEKPVG 0750    0945    JET 0        DS# YA TQ KQ HQ MQ GQ SQ LQ QQ UQ

2   CA1895    PEKPVG 0750    0945    74E 0^S   E   DS# FA A2 CA D4 Z2 YA SA BA H5 KS*

3   MU5102    PEKSHA 0800    1000    321 0 S      DS# CA D5 YA K5 BA ES HA LS MS NS*

4   FM9110    PEKSHA 0815    0955    757 0^    E   DS# FA A3 YA HA KA LA MS TS ES VS*

5   *CA3110   PEKSHA 0815    0955    JET 0 S      DS# YA

6   CA1501    PEKSHA 0840    1030    777 0^S   E   DS# FA A2 CA D4 Z2 YA SA BA HS KS*

7   *FM9402   PEKSHA 0840    1030    JET 0        DS# YA HS KS LS MS TS ES VS US QS*

8+ *CZ7101    PEKSHA 0840    1030    JET 0        DS# YA TQ KQ HQ MQ GQ SQ LQ QQ UQ
```

查询结果中的"DS#"为该航空公司与 CRS 之间的协议级别。不同的协议级别，获取座位的方式不同。DS#是最高的协议级别。符号通常有以下几种：

#、*、TY、AB、DS#、DS*、AB*、TY*

通过这些连接等级标识，见表 5.1 所列，代理人可以知道：

(1) 哪些航空公司的航班数据是在本系统得到的；

(2) 哪些航空公司的航班数据可以直接查询；

(3) 哪些航班数据要通过加上航空公司代码的方式查询；

(4) 哪些航空公司的航班可以直接销售；

(5) 哪些航空公司只能通过申请进行销售。

表 5.1　国内航空公司航班显示标识与连接方式对照表

第一次 AV 显示标识	连接方式说明	第一次 AV 显示结果	SD 结果	记录编号返回
DS#	无缝连接	直接看到航班准确的舱位状态及可利用座位数	DK→HK DW→HL NN→HN	有
AS#	无缝连接	与 DS# 情况相同，只是提醒代理人该航班做过修改	DK→HK DW→HL NN→HN	有

FCYSBHKLMQT 为舱位等级。对应等级的座位可利用情况代号，有以下几种含义：

A　可以提供 9 个以上座位；

1~9　可以提供 1 个~9 个座位，这种情况下系统显示具体的可利用座位数；

L　没有可利用座位，但旅客可以候补；

Q　永久申请状态，没有可利用座位，但可以申请(HN)；

S　因达到限制销售数而没有可利用座位，但可以候补；

C　该等级彻底关闭，不允许候补或申请；

X　该等级取消，不允许候补或申请；

Z　座位可利用情况不明，这种情况有可能在外航航班上出现。

航班最后若有"*"，表示还有其他子舱位未显示完全，若要继续查询，可以用

>AV:C/航班序号　　　　或

>AV:CA1501/21JUL。

例 2　显示今日（系统当前时间为 2005 年 5 月 22 日）北京到上海的航班座位情况。

>AV:PEKSHA

显示：

```
22MAY05(SUN) PEKSHA
1- *CA3102   PEKSHA 1625    1810    JET 0 S       DS# YA
2   *LH1649   PEKSHA 1625    1810    763 0         DS* CA DA ZA YA BA MA HA QA VA WA*
3    FM9102   PEKSHA 1625    1810    767 0^    E   DS# FL AL YL HC KC LC MC TC EC VC*
4    CA1855   PEKSHA 1700    1900    733 0^S   E   DS# F1 A1 Y5 S5 BC HC KC LC MC NC*
5   *FM9414   PEKSHA 1700    1900    JET 0         DS# YC HC KC LC MC TC EC VC UC QC*
```

6	MU5120	PEKSHA 1700	1900	321 0 S		DS# C1 D1 Y2 KS BC ES HC LS MC NC*
7	*CZ7111	PEKSHA 1700	1900	JET 0		DS# YL TC KC HC MC GC SC LC QC UQ
8+	HU7603	PEKSHA 1700	1930	767 0^L	E	AS#FA CS AS Y2 BC HC KC LC MC NC*

若不加日期，则显示系统当天航班信息；若当天无航班，则显示最早有该航班的日期的数据，这时应注意输出显示中的日期；

若查询当天航班，还可以输入：

>AV:PEKSHA/.

其中："."表示当天；

"+"表示明天；

"-"表示昨天。

例 3 显示（指定日期）7 月 21 日北京到上海的（指定航空公司）上海航空公司的航班座位情况。

>AV:PEKSHA/21JUL/FM

显示：

21JUL05(THU) PEKSHA VIA FM						
1-	FM9110	PEKSHA 0815	0955	757 0^	E	DS# FA A3 YA HA KA LA MS TS ES VS*
2	*FM9402	PEKSHA 0840	1030	JET 0		DS# YA HS KS LS MS TS ES VS US QS*
3	*FM9404	PEKSHA 0940	1140	JET 0		DS# YA HS KS LS MS TS ES VS US QS*
4	FM9108	PEKSHA 1055	1255	767 0^L	E	DS# FA A3 YA HA KA LA MS TS ES VS*
5	FM9116	PEKPVG 1140	1350	757 0^	E	DS# FA A3 YA HA KA LA MA TA ES VS*
6	*FM9406	PEKSHA 1200	1350	JET 0		DS# YA HS KS LS MS TS ES VS US QS*
7	*FM9408	PEKSHA 1310	1505	JET 0		DS# YA HS KS LS MS TS ES VS US QS*
8+	FM9104	PEKSHA 1350	1540	757 0^	E	DS# FA A3 YA HA KA LA MS TS ES VS*

AV 显示中加上航空公司代码，计算机系统便会将该航空公司航班信息显示出来。

例 4 显示 7 月 21 日上午 11 时以后北京到上海的航班座位情况。

>AV:PEKSHA/21JUL/1100

显示：

21JUL05(THU) PEKSHA						
1-	MU583	PEKPVG 1140	1335	320 0^S		DS# C8 JS D8 YA KA BA ES HA LS MA*
2	*AA7951	PEKPVG 1140	1335	320 0 M		DS* JA DA YA BA HA KA MA VA WA NA*
3	*CA3116	PEKPVG 1140	1350	JET 0 S		DS# YA
4	FM9116	PEKPVG 1140	1350	757 0^	E	DS# FA A3 YA HA KA LA MA TA ES VS*
5	*FM9406	PEKSHA 1200	1350	JET 0		DS# YA HS KS LS MS TS ES VS US QS*
6	*UX3093	PEKSHA 1200	1400	321 0	E	TY* CZ DZ RZ YZ MZ BZ KZ WZ QZ VZ*
7	MU5110	PEKSHA 1200	1400	300 0 S		DS# FA A5 YA KA BA ES HS LS MS NS*
8+	*CZ7105	PEKSHA 1200	1350	JET 0		DS# YA TQ KQ HQ MQ GQ SQ LQ QQ UQ

这种输入方式可以显示某段时间的航班信息。

例5 显示 7 月 21 日上午 11 时以后北京到上海的上海航空公司的航班座位情况。

>AV:PEKSHA/21JUL/1100/FM

显示：

21JUL05(THU) PEKSHA VIA FM						
1- FM9108	PEKSHA 1055	1255	767 0^L	E	DS# FA A3 YA HA KA LA MS TS ES VS*
2 FM9116	PEKPVG 1140	1350	757 0^	E	DS# FA A3 YA HA KA LA MA TA ES VS*
3 *FM9406	PEKSHA 1200	1350	JET 0		DS# YA HS KS LS MS TS ES VS US QS*
4 *FM9408	PEKSHA 1310	1505	JET 0		DS# YA HS KS LS MS TS ES VS US QS*
5 FM9104	PEKSHA 1350	1540	757 0^	E	DS# FA A3 YA HA KA LA MS TS ES VS*
6 *FM9410	PEKSHA 1400	1600	JET 0		DS# YA HS KS LS MS TS ES VS US QS*
7 *FM9412	PEKSHA 1520	1715	JET 0		DS# YA HS KS LS MS TS ES VS US QS*
8+ FM9102	PEKSHA 1625	1810	767 0^	E	DS# FA A3 YA HA KA LA MS TS ES VS*

例6 显示 7 月 21 日北京到上海浦东机场的航班座位情况。

>AV：PEKPVG/21JUL

显示：

21JUL05(THU) PEKPVG						
1- CA1895	PEKPVG 0750	0945	74E 0^S	E	DS# FA A2 CA D4 Z2 YA SA BA H5 KS*
2 *CZ7123	PEKPVG 0750	0945	JET 0		DS# YA TQ KQ HQ MQ GQ SQ LQ QQ UQ
3 MU5102	PEKSHA 0800	1000	321 0 S		DS# CA D5 YA K5 BA ES HA LS MS NS*
4 *CA3110	PEKSHA 0815	0955	JET 0 S		DS# YA
5 FM9110	PEKSHA 0815	0955	757 0^	E	DS# FA A3 YA HA KA LA MS TS ES VS*
6 *CZ7101	PEKSHA 0840	1030	JET 0		DS# YA TQ KQ HQ MQ GQ SQ LQ QQ UQ
7 CA1501	PEKSHA 0840	1030	777 0^S	E	DS# FA A2 CA D4 Z2 YA SA BA HS KS*
8+ *FM9402	PEKSHA 0840	1030	JET 0		DS# YA HS KS LS MS TS ES VS US QS*

上海有虹桥机场（SHA）和浦东机场（PVG）。若按以上方式输入，则优先显示北京到浦东机场的航班。

系统输出的内容中，经停点 0 后的"^"，表示该航班可以为旅客预订航班座位。代理人可用 ADM 指令显示航班座位图（SEAT MAP），查看航班上目前的座位情况，之后可以用 ASR 指令 ASR:航段序号/城市对/座位号/旅客序号，指定机上某个座位预留。

例7 显示 7 月 21 日北京到广州的航班及 7 月 26 日回程航班。

>AV:PEKCAN/21JUL

显示：

21JUL05(THU) PEKCAN						
1- *MU8014	PEKCAN 0755	1055	319 0 S		DS# YA
2 CA1351	PEKCAN 0755	1055	319 0 S	E	DS# CA D4 Z2 YA SA BA HA KA LA MA*
3 CZ3196	PEKCAN 0830	1130	757 0^B		DS# FA AQ P4 R2 YA TA KA HA MA GS*

4	CA1321	PEKCAN 0845	1140	763 0^S	E	DS# FA A2 CA D4 Z2 YA SA BA HA KA*
5	*MU8006	PEKCAN 0845	1140	763 0 S		DS# YA
6	HU7803	PEKCAN 0900	1150	767 0^L	E	AS#F8 CS AS YA BA HA KA LA MA NS*
7	*MA7074	PEKCAN 0910	1220	737 0 M		TY* MZ BZ NZ KZ QZ GZ TZ LZ HZ WZ*
8+	CZ3162	PEKCAN 1005	1300	321 0^L		DS# FA AQ P4 R2 YA TA KA HS MS GS*

>AV:RA/26JUL

显示:

26JUL05(TUE)CANPEK

1-	*3U915	CANPEK 0820	1055	JET 0 S		DS# YA TS KS HS MS GS SS LS QS BS
2	*MU8001	CANPEK 0820	1055	777 0 S		DS# YA
3	CZ3101	CANPEK 0820	1055	777 0^B		DS# FA AQ P2 R2 YA TA KA HA MQ GQ*
4	CA1310	CANPEK 0835	1115	763 0^S	E	DS# FA A2 CA D4 Z2 YA SA BA HA K5*
5	*UA9458	CANPEK 0835	1115	763 0 M		DS* FA CA DA ZA YA BA EC ML UC HL*
6	CZ345	CANPEK 0920	1155	77B 0 S		AS#CS DA I5 J3 WQ OQ NQ YA TA KA*
7	*KL3810	CANPEK 0920	1155	EQV 0 M		TY* JZ CZ ZZ SZ BZ MZ HZ QZ VZ
8+	CA1330	CANPEK 0940	1240	772 0^S	E	DS# CA D4 Z2 YA SA BA HA K5 LS MS*

AV 显示去程航班后，可以通过 AV:RA 方式显示回程航班，也可以指定回程航班的具体时间，如：显示 26JUL 下午 12:00 以后的回程航班座位情况：

>AV:RA/26JUL/1200

显示回程航班同样可以将 AV 完整输入，即 AV：CANPEK/26JUL/1100

例8 显示 CA1310 航班所有舱位。

>AV:CA1310/26JUL

显示:

CAN F6 A2 CA D4 Z2 YA SA BA H7 K2 LS MS NS QS TS XS US ES WA V5 G2
PEK

这种显示方式下不能通过 SD 直接订座，可以通过 SS 建立航段组。

例9 显示 7 月 21 日北京到广州，飞行时间最短的航班。

>AV:E/PEKCAN/21JUL

显示:

21JUL05(THU) PEKCAN

1-	CZ371	PEKCAN 1705	1935	733 0 D		AS#CA DS I4 J2 YA TQ KQ HQ MQ GQ*
2	CA1329	PEKCAN 2000	2245	772 0^S	E	DS# CA D4 Z2 YA SA BA HA KA LA MA*
3	*MU8010	PEKCAN 2000	2245	738 0 S		DS# YA
4	HU7803	PEKCAN 0900	1150	767 0^L	E	AS#F8 CS AS YA BA HA KA LA MA NS*
5	CA1301	PEKCAN 1445	1735	74E 0^S	E	DS# FA A2 CA D4 Z2 YA SA BA HA KA*
6	*MU8000	PEKCAN 1445	1735	777 0 S		DS# YA
7	HU7801	PEKCAN 1500	1750	767 0^L	E	DS# FC CC AC YA BA HA KA LS MS NS*

8+	CZ3194	PEKCAN 2105	2355	757 0^S		DS# FA AQ P4 R2 YA TA KA HA MS GS*

对比 >AV:P/PEKCAN/1DEC

21JUL05(THU) PEKCAN

1-	*MU8014	PEKCAN 0755	1055	319 0 S		DS# YA
2	CA1351	PEKCAN 0755	1055	319 0 S	E	DS# CA D4 Z2 YA SA BA HA KA LA MA*
3	CZ3196	PEKCAN 0830	1130	757 0^B		DS# FA AQ P4 R2 YA TA KA HA MA GS*
4	CA1321	PEKCAN 0845	1140	763 0^S	E	DS# FA A2 CA D4 Z2 YA SA BA HA KA*
5	*MU8006	PEKCAN 0845	1140	763 0 S		DS# YA
6	HU7803	PEKCAN 0900	1150	767 0^L	E	AS#F8 CS AS YA BA HA KA LA MA NS*
7	*MA7074	PEKCAN 0910	1220	737 0 M		TY* MZ BZ NZ KZ QZ GZ TZ LZ HZ WZ*
8+	CZ3162	PEKCAN 1005	1300	321 0^L		DS# FA AQ P4 R2 YA TA KA HS MS GS*

　　AV:E 是按照飞行时间由短到长顺序排列的。若飞行时间相同，则起飞时间在前的航班排在前面。正常的 AV 显示是按照航班起飞的时间顺序排列，并优先显示直达航班。

　　例 10　显示北京到法兰克福 7 月 22 日直达航班。
>AV:PEKFRA/22JUL/D
显示：

22JUL05(FRI) PEKFRA　　　　DIRECT ONLY

1-	*CA6221	PEKFRA 1030	1425	747 0		DS# FA CA DA YA KA LA MA NA WA
2	LH721	PEKFRA 1030	1425	744 0 L	E	DS* FA AA CA DA ZA YA BA MA HA QA*
3	*LH2937	PEKFRA 1415	1820	EQV 0 L		DS* FA AA CA DA ZA YA BA MA HA QA*
4+	CA931	PEKFRA 1415	1820	747 0^M		DS# FA PS A2 CA DA JS Z2 YA BA HA*

　　若只显示直达航班，可以在日期后面加上字母"D"（直达航班也可能会有经停点）。

　　例 11　显示 7 月 22 日上海到法兰克福无经停的航班信息。
>AV:SHAFRA/22JUL/N
显示：

22JUL05(FRI) SHAFRA　　　　NON-STOPS ONLY

1-	CA935	PVGFRA 1110	1700	747 0 M		DS# FA PS A2 CA DA JS Z2 YA BA HA*
2	*LH2939	PVGFRA 1110	1700	747 0 L		DS* FA AA CA DA ZA YA BA MA HA QA*
3	LH729	PVGFRA 1315	1835	744 0 L	E	DS* FA AA CA DA ZA YA BA MA HA QA*
4+	*CA6229	PVGFRA 1315	1835	747 0		DS# FA CA DA YA KA LA MA NL WC

5.1.2　国外航空公司航班信息查询

　　当代理人要查询或销售国外航空公司的航班座位时，为了得到准确的航班信息，一般需要两个步骤：

　　(1) 使用 AV 对该航线的承运航空公司的航班情况进行查询，如 AV:LONLAX；

　　(2) 对于"*"标识的航班，采用指定航空公司的方式进一部查询，以便得到更为准确的航班数据，如 AV: LONLAX/UA。

对于存在连接等级标识（即 AV 中有"DS"、"*"等标识）的国外航空公司的航班，代理人应依据第二步查询到的数据订座位。

例 1　查询 10DEC，LON 到 LAX 的航班信息。

>AV:LONLAX/10DEC

显示：

```
10DEC(FRI)LONLAX
1- AA137 LHRLAX 1105 1455      763 0 M      DS* FZ CZ YZ BZ HZ MZ GZ KZ VZ*
2  UA953 LHRLAX 1145 1500      777 0 M      DS* FZ CZ YZ BZ MZ HZ QZ VZ
3  VS007 LHRLAX 1200 1510      744 0 M      DS* JZ WZ YZ BZ LZ MZ GZ SZ QZ
4  BA283 LHRLAX 1200 1515      744 0 M      TY* FZ JZ DZ YZ BZ HZ KZ MZ VZ*
5  UA919 LHRLAX 1230 1937      777 1 M      DS* FZ CZ YZ BZ MZ HZ QZ VZ
6  NW033 LGWLAX 1325 2100      D10 1 M       *  JZ CZ YZ BZ MZ HZ QZ VZ KZ*
```

可以看到承运人都是国外航空公司，航班座位状态均为"Z"，表明这些航班的座位情况都不明确，对于连接标识有"*"的航班，都可以进一步查询得到航班的准确信息，见表 5.2 所列。

表 5.2　国外航空公司航班显示标识与连接方式对照表

第一次 AV 显示标识	连接方式说明	第一次 AV 显示结果	AV 加航空公司代码	SD 结果	记录编号返回
DS*	直接销售	航班座位情况不明，显示 Z，AV 后加代码继续查询	显示具体航班座位信息，A、L 或数字	DK→HK DW→HL NN→HN	有
TY*	同 CRS 存在直接销售的连接			DK→HK DW→HL NN→HN	有
AB*	直接响应			NN→SS→HK	有
*	直接存取			NN→SS→HK	有
TY	同 CRS 存在直接销售的连接	航班座位情况不明，显示 Z 通过申请订座		DK→HK DW→HL NN→HN	有
AB	直接响应存在记录编号反馈	航班座位情况不明，显示 Z 通过申请订座		NN→SS→HK	有
空格	无连接	航班座位情况不明，显示 Z 通过申请订座		NN→HN	无

即可以进一步查询"AA"航空公司的航班信息，>AV:LONLAX/10DEC/AA，数据直接从航空公司系统得到。

例 2　显示指定 GDS（AMADEUS，1A)12 月 5 日伦敦到法兰克福航班信息。

>AV:LONFRA/5DEC99/1A

显示：

```
05DEC(SUN) LONFRA    FROM   1A
```

1	LH4517	LHRFRA	0700	0925	321	0	C9 D9 H9 B9 L9 G9 Y9 T9 W9	
2	BA902	LHRFRA	0740	1010	767	0	CZ DZ YZ BZ HZ KZ MZ LZ WZ	*
3	BA2714	LGWFRA	0745	1035	737	0	CZ DZ YZ BZ HZ KZ MZ LZ WZ	*
4	UA4820	LHRFRA	0830	1105	733	0	CZ DZ YZ BZ MZ HZ QZ VZ WZ	*
5	BD831	LHRFRA	0830	1105	733	0	CZ DZ SZ KZ LZ MZ VZ QZ	
6	LH4611	LHRFRA	0910	1140	AB6	0	C9 D9 H9 B9 L9 G9 Y9 T9 W9	
7	LH4505	STNFRA	0940	1200	735	0	C9 D9 H9 B9 L9 G9 Y9 T9 W9	
8		LHRFRA	1140	1410	733	0	C9 D9 H9 B9 L9 G9 Y9 T9 W9	

如果在 AV 指令后加：

1A	（AMADEUS）	AA	（SABRE）
1G	（GALILEO）	JL	（AXESS）
1P	（WORLDSPAN）	1T	（TOPASS）
1F	（INFINI）	1B	（ABACUS）

显示出来的航班信息为 SABRE，AMADEUS 等几大 GDS 提供的数据。

例 3 针对 AV 查询外航航班信息不准确情况，专门针对美国联合航空公司(United Airlines，UA)增加一个选项：

AV:R/　　只使用于 UA 航班的信息查询。

>AV:R/PEKLAX/+/UA

显示：

```
UNITIED AIRLINE

FR 21OCT

UA 888 AO DO ZO SO TO KO LO GO WO UO^PEKLAX   1215 1212 CHG 81

UA9439 AO DO ZO SO TO KO LO GO WO UO^PEKLAX   2000 1715 74E* 0

UA 888 AO DO ZO SO TO KO LO GO WO UO^PEKSFO   1215 0855 744   0

UA 858 A6 D6 Z6 SO TO KO LO GO WO UO^   LAX   1015 1139 752 80
```

例 4 AV:H 可以查询代码共享的详细信息。

>AV:PEKLAX/+

显示：

```
16MAY(THU) BJSLAX

1- CA983 PEKLAX 2000 1715 747 0^M E  DS#FA PS A2 CA D2 JS ZS YA BA HA*

2 *UA4455 PEKLAX 2000 1715 EQV 0 D    DS*FA PA CA DL ZL YA BA EA MA UA*

3   MU583 PEKLAX 1120 1130 JET 1^M    AS#C5 J2 D3 YA KA BA EA HA LA MA*
```

在查询结果中，UA4455 航班前有一个"*"标识，这表示 UA4455 为代码共享航班，这时可以用 AV:H/PEKLAX/+ 做更加详细的查询，可以看到：

```
16MAY(THU) BJSLAX

1- CA983 DS#   FA PS A2 CA D2 JS ZS YA BA HA PEKLAX 2000 1715 747 0^M E
               KA LA SA MA NA QA TS XA US ES WA VA G2
```

2	*UA4455 DS* FA PA CA DL ZL YA BA EA MA UA PEKLAX 2000 1715 EQV 0 D
	CA983 HA QA VA WA AA SA TA KA LA GA 2 2
3	MU583 AS# C5 J2 D3 YA KA BA EA HA LA MA PEKLAX 1120 1130 JET 1^M
	NA RS SA VA T7 WS XS GS QS IS ZS

这说明 UA4455 为市场销售方，CA983 为实际承运方。此外最右边的 "2" 表示航班的起飞和到达的 Terminal 信息，即均在二号航站楼。

以上是对国内航空公司的航班信息查询和国外航空公司航班的信息查询进行的讨论。

它们的相同点：都是通过系统提供的一系列的功能指令对航班的信息进行提取。而提取的结果是为代理人提供所需的航班信息，如该航线上的承运航空公司有哪些，起飞降落时间、机型、经停点、舱位及舱位状态等。

它们的不同点也是很突出的，即由于国内航空公司系统与代理人系统联系紧密这一特殊性，代理人无论在何种情况下提取中国民航的航空公司的信息，只需一次查询操作即可得到航班的实际情况，而国外的航空公司（无连接的航空公司除外）往往需要两次数据提取并采取直接采取的方式，才可得到航班的实际情况。

5.2 特定周期内航班时刻信息查询(SK:)

SK 指令可以查询某一城市对在特定周期内的所有航班信息，包括航班号、出发到达时间、舱位、机型、执行周期和有效期限。其查询结果是指定日期及其前后三天共一周的时间段内航班信息。

指令格式：

>SK:选择项/城市对/日期/时间/航空公司代码/舱位

格式说明：

(1) 选择项有以下几种：

P   显示结果按照起飞时间先后顺序排列；

A   显示结果按照到达时间先后顺序排列；

E   显示结果按照飞行时间由短到长排列。

系统默认为 P。

(2) 城市对为必选项，其余为可选项。

例1   查询 15OCT 前后三天北京到南宁的航班时刻。

> SK:PEKNNG/15OCT

显示：

12OCT(WED)/18OCT(TUE) PEKNNG									
1	CA1335	PEKNNG	0745	1105	JET 0 S	E	X147	07JUN29OCT	FAYSBHKLMN
2	CA1335	PEKNNG	0745	1105	JET 0 S	E	147	26MAY27OCT	FAYSBHKLMN
3	CZ3736	PEKNNG	1240	1600	737 0 L			14MAY29OCT	FAPRCDIJYT
4	HU7157	PEKNNG	1305	1620	733 0 L	E		22APR29OCT	FCAYBHKLMN

5	ZH9592	PEKNNG 1350	1700	733 0		E		02MAY29OCT	CAYGKHTQLS
6	3U8884	PEKCTU 1225	1445	321 0 S				20MAY29OCT	FPYTKHMGSL
+	3U8773	NNG 2010	2130	321 0 S				DS#	FPYTKHMGSL

SK 输出的第一行是所查询的时间范围, 如上显示的 12OCT/18OCT 表示接下来的航班都是在 12OCT 至 18OCT 之间执行的航班。

从第二行开始的航班显示包括航班号、城市对、出发时间、到达时间、经停点、餐食标志、班期、有效日期、座位等级。

以第一行为例, CA1335 是航班号, 城市对为 PEKNNG, 起降时间分别是 0745 和 1105, 机型是 JET, 0 表示该航班没有经停站, S 是餐食标识, E 是电子客票标识, X147 表示除星期一、四、日以外每天都有该航班, 07JUN29OCT 是该航班执行的周期, 即从 07JUN 到 29OCT 这段时间除星期一、四、日以外该航班都按这一条的内容执行。

例2 显示 10JUN 前后三天北京至上海之间 CA 的航班。
>SK:PEKSHA/10JUN/CA
显示:

07JUN(TUE)/13JUN(MON) PEKSHA VIA CA									
1	CA155	PEKPVG 0740	0935	JET 0 S	E	357	08MAY30DEC	CDJZYBHKLS
2	CA1895	PEKPVG 0750	0945	JET 0 S	E	145	16MAY28OCT	FACDZYSBHK
3	CA949	PEKPVG 0750	0945	340 0 S	E	6	23APR29OCT	FPACDJZYBH
4	*CA3110	PEKSHA 0815	0955	JET 0 S			12MAY29OCT	Y
5	CA1501	PEKSHA 0840	1030	777 0 S	E	6	04JUN11JUN	FACDZYSBHK
6	CA1501	PEKSHA 0840	1030	777 0 S	E	X6	26MAY28OCT	FACDZYSBHK
7	CA1519	PEKSHA 0940	1140	JET 0 S	E		12JUN29OCT	FAYSBHKLMN
8+	CA1519	PEKSHA 0940	1140	JET 0 S	E	4	09JUN09JUN	FACDZYSBHK

5.3 指定时期的固定航班时刻显示(DS:)

DS 用于显示指定日期内所有固定航班情况, 指令格式与 SK 相同。
指令格式:
>DS:选择项/城市对/日期/时间/航空公司代码/舱位

例1 显示 15JUL 从北京至长沙的航班。
>DS:PEKCSX/15JUL
显示:

15JUL05(FRI) PEKCSX							
1-	CA1343	PEKCSX 0755	1020	JET 0 S	ES#	FAYSBHKLMN
2	*KL3820	PEKCSX 1110	1330	737 0	TY*	JCZSBMHQV
3	CZ3124	PEKCSX 1110	1330	738 0 L	DS#	FAPRCDIJYT
4	*KL3828	PEKCSX 1400	1600	737 0	TY*	JCZSBMHQV

5	CZ3146	PEKCSX 1400	1600	738 0 C	DS# FAPRCDIJYT
6	CZ3142	PEKCSX 1640	1840	738 0 D	DS# FAPRCDIJYT
7	*KL3822	PEKCSX 1640	1840	737 0	TY* JCZSBMHQV
8+	HU7135	PEKCSX 1710	1910	767 0 L	ES# FCAYBHKLMN

例2 显示16OCT广州至上海CZ航班信息。

>DS:CANSHA/16OCT/CZ

显示：

16OCT05(SUN) CANSHA VIA CZ

1-	CZ3531	CANSHA 0800	0950	757 0 B	DS# FAPRCDIJYT
2	CZ3523	CANSHA 0900	1050	777 0 C	DS# FAPRCDIJYT
3	CZ3609	CANPVG 1000	1150	M82 0	DS# FAPRCDIJYT
4	CZ3537	CANSHA 1100	1250	737 0 C	DS# FAPRCDIJYT
5	CZ3525	CANSHA 1350	1535	JET 0 C	DS# FAPRCDIJYT
6	CZ3503	CANSHA 1610	1800	JET 0 D	DS# FAPRCDIJYT
7	CZ3547	CANSHA 1810	2000	320 0 D	DS# FAPRCDIJYT
8+	CZ3595	CANSHA 1930	2120	JET 0 C	DS# FAPRCDIJYT

5.4 航班经停点及起降时间查询(FF:)

FF用于查询航班的经停城市、起降时间和机型。

指令格式：

>FF:航班号/日期

例 查询10月9日的CA929航班。

>FF:CA929/9OCT

显示：

PEK		0830	74E
SHA	1020	1135	
NRT	1520		

5.5 航班详细信息查询(DSG:)

DSG指令便于旅客掌握旅行中的航班动态，可以查询指定日期的航段上的航班信息，包括航班的起飞降落城市、起飞降落时间、空中飞行时间、空中飞行距离、经停点、机型、餐食等。

指令格式1：

>DSG: 完整显示选项/航班号/日期/航段

指令格式2：

>DSG: 完整显示选项/PNR中所选航段的数字1/PNR中所选航段的数字2

例1　完整显示当天 CA981 航班的信息。

>DSG:C/CA981

显示：

CA981	(WED)12JAN		PEK	1000	744 BC	
		1000	DTW (130) 1210		320 S	
		1346	LGA ELAPSED TIME 16:46 DIST 7102M			

例2　显示当天 CA981 航班 PEKDTW 航段的信息。

>DSG:C/CA981/PEKDTW

显示：

CA981	(WED)12JAN		PEK	1000	744 BC	0	0
		1000	DTW ELAPSED TIME 12:00 DIST 7102M				

例3　显示 PNR　MR142 中的第 2 个航段的信息。

>RT MR142

1.WANG/BING SHENG MR142					
2.	CA981	C	WE12JAN	PEKDTW RR1	1000 1000
3.	CA8474 F		WE12JAN	DTWDCA RR1	1155 1323

>DSG:C/3

CA981	C (WED)12JAN		PEK	1000	744 BC	0	0
		1000	DTW ELAPSED TIME 12:00 DIST 7102M				
CA8474	F (WED)12JAN		DTW	1155	320 S	0	0
		1323	DCA ELAPSED TIME 1:28 DIST 391M				

例4　完整显示 PNR 中涉及到的全部航段内容。

>DSG:C

CA981	C (WED)12JAN		PEK	1000	744 BC	0	0	NS
		1000	DTW ELAPSED TIME 12:00	DIST 7102M				
CA8474	F (WED)12JAN		DTW	1155	320 S	0	0	GA
		1323	DCA ELAPSED TIME 1:28	DIST 391M				

说明：

(1) 0 经停、0 注释号、NS 禁止吸烟、GA 政府标识；

(2) ELAPSED TIME 12:00 空中飞行时间 12 小时；

(3) DIST 空中飞行里程　7102M 7102 英里(Mile)。

5.6　票价查询

FD 指令可以查询国内航空公司国内段票价。需要查询国际票价，要用其他指令，如 QTE 和 XS FSD 等指令。

49

5.6.1 国内段票价查询(FD:)

指令格式 1:
>FD:城市对/日期/航空公司代码

指令格式 2:
从已有的 AV 中查询票价
>FD:序号

例 1 查询从北京到上海国际航空公司当前的票价。
>FD:PEKSHA/./CA
显示:

FD:PEKSHA/14FEB00/CA				
CA FA	1710.00	3420.00	01JUL97	CNY
CA CA	1480.00	2960.00	01JUL97	CNY
CA YA	1140.00	2280.00	01JUL97	CNY
CA FB	1350.00	2700.00	01JUL97	CNY
CA CB	1170.00	2340.00	01JUL97	CNY
CA YB	900.00	1800.00	01JUL97	CNY

例 2 查询从北京到上海国航迄今为止所有票价。
>FD:PEKSHA/CA
显示:

FD:PEKSHA/14FEB00/CA				
CA FA	1710.00	3420.00	01JUL97	CNY
CA CA	1480.00	2960.00	01JUL97	CNY
CA YA	1140.00	2280.00	01JUL97	CNY
CA FA	1650.00	3300.00	01JUL95 30JUN97	CNY
CA CA	1430.00	2860.00	01JUL95 30JUN97	CNY
CA YA	1100.00	2200.00	01JUL95 30JUN97	CNY
CA FB	1090.00	2180.00	28JUL96 30JUN97	CNY
CA CB	940.00	1880.00	28JUL96 30JUN97	CNY
CA YB	730.00	1460.00	28JUL96 30JUN97	CNY
CA FB	1350.00	2700.00	01JUL97	CNY
CA CB	1170.00	2340.00	01JUL97	CNY

例 3 查询过去某年北京到上海的票价。
>FD:PEKSHA/14FEB96/CA
显示:

FD:PEKSHA/14FEB96/CA

CA FA	1650.00	3300.00	01JUL95 30JUN97	CNY	
CA CA	1430.00	2860.00	01JUL95 30JUN97	CNY	
CA YA	1100.00	2200.00	01JUL95 30JUN97	CNY	

例4 已有 AV 显示如下：

>AV：PEKCSX

显示：

15FEB(TUE) PEKCSX						
1-	X2117	PEKCSX 0830	1035	733 0 M	DS# FA YA BQ KQ TQ VQ
2	XW117	PEKCSX 0830	1035	737 0	YZ
3	CZ3124	PEKCSX 1115	1330	735 0 M	DS# YA TQ KQ HS MS UA ES XS Z5
4	CZ3142	PEKCSX 1710	1920	735 0 M	DS# YA TQ KQ HS MS US ES XS ZS
5	CJ6712	PEKCSX 1750	1955	M82 0	DS# F6 YA
6+	CZ3148	PEKCSX 1800	1950	735 0 M	DS# YA TQ KQ HA M5 UA E5 XS Z2

若预查询航班 X2117 的票价，则输入

>FD：1

显示：

FD:PEKCSX/15FEB00/X2				
X2 YA	1350.00	2700.00	01JUL97	CNY
X2 YB	970.00	1940.00	01JUL97	CNY
X2 FA	2020.00	4040.00	06SEP97	CNY
X2 FB	1450.00	2900.00	06SEP97	CNY
X2 B	870.00	1740.00	23MAR98	CNY

5.6.2 国际票价查询(QTE:)和(XS FSD:)

代理人为旅客开票之前，都要计算票价。通过 SITA AIRFARE 系统，可以很快得到相应票价。运价计算流程如图 5.1 所示。

在运价计算中常常需要查询两点间的公布票价，然后根据给出的各种票价，继续查询票价注释、货币、比例票价的构成、航路限制等相关信息。查询指令结构如图 5.2 所示。

XS FSD 指令用来显示城市对之间的票价及其附加的限制条件代号。经常要用到这个指令来查询两点间的票价。系统中，用"XS FSN FSD H"查看帮助信息。

每一种票价都会有票价注解。XS FSN 可查询特种票价的使用条件和票价注解。系统中，用"XS FSN FSN H"查看帮助信息。

XS FSD 后会显示出几种票价，XS FSC 指令可以将该票价换算成另一种货币单位。系统中，用"XS FSN FSC H"查看帮助信息。

当该运价是比例票价时，FSD 显示中会有"*"标识。查看具体信息可以用 XS FXH。系统中，用"XS FSN FXH H"查看帮助信息。

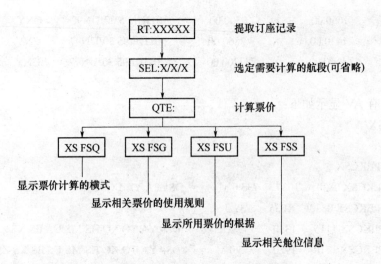

图 5.1　PNR 建立后的运价计算流程

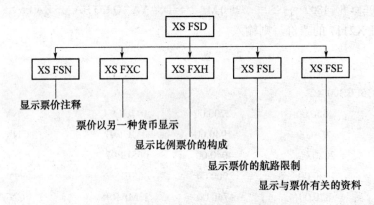

图 5.2　公布票价的查询指令结构

XS FSL 指令用于查询 XS FSD 中标有航路限制代号的特定航路，即注解代号后有一后缀字母"R"的票价。系统中，用"XS FSN FSL H"查看帮助信息。

思 考 题

1. 以下哪个指令可以查询指定日期前后三天内的航班信息？（　　）

A. FV　　　　　　　B. SK　　　　　　　C. AV　　　　　　　D. FF

2. 以下哪个指令可以查询最早有座位的航班信息？（　　）

A. FV　　　　　　　B. SK　　　　　　　C. AV　　　　　　　D. FF

3. 试说明指令航班查询指令 AV、SK 在功能上的主要区别？

4. 说明下面几条指令的功能区别：

>AV: PEKFRA/1DEC/D

>AV: PEKFRA/1DEC

>AV: PEKFRA/1DEC/N

5. 写出下面代码的中文含义：

1E:

IATA:

OAG:

6. 以下哪个指令可以查询航班的经停城市、起降时间和机型？（　　）

A. FV　　　　　　　B. SK　　　　　　　C. AV　　　　　　　D. FF

7. 以下哪个指令可以完整查询某航班信息，便于旅客掌握旅行中的航班动态？（　　）

A. FV　　　　　　　B. SK　　　　　　　C. DSG　　　　　　　D. FF

8. AV 显示座位是否有位时，显示 HA，如下所示：

CA921　　PEKSHA 0800　　0955　　777 0　M　E　　DS# C3 D5 YA SA BA HA MS TS 代表 H 舱(　　)。

A. 9 个以上座位

B. 没有可利用座位，但可以候补

C. 因达到限制销售数而没有可利用座位,但可以候补

D. 永久申请状态，没有可利用座位，但可以候补

9. AV 显示座位是否有位时，显示 MS，如下所示：

CA921　　PEKSHA 0800　　0955　　777 0　M　E　　DS# C3 D5 YA SA BA HA MS TS 代表 M 舱(　　)。

A. 9 个以上座位

B. 没有可利用座位，但可以候补

C. 因达到限制销售数而没有可利用座位,但可以候补

D. 永久申请状态，没有可利用座位，但可以候补

10. AV 显示座位是否有位时，显示 C3，如下所示：

CA921　　PEKSHA 0800　　0955　　777 0　M　E　　DS# C3 D5 YA SA BA HA MS TS 代表 C 舱(　　)。

A. 9 个以上座位

B. 没有可利用座位，但可以候补

C. 因达到限制销售数而没有可利用座位,但可以候补

D. 只有 3 个座位

11. AV 显示如下，0 表示(　　)。

CA921　　PEKSHA 0800　　0955　　777 0　M　E　　DS# CS DS YS SS BS HS MS TS*

A. 有经停　　　　　B. 无经停　　　　　C. 有配餐　　　　　D. 无配餐

12. 根据如下 AV 显示，以下哪个信息是错误的(　　)。

CA929　　PEKSHA 0830　　1030　　744 0^ M　E　　DS# FS AS CS DS YS SS BS LS*

A. 起飞时间是 0830，到达时间 1030

B. 机型是 B747 - 400 型

C. 该航班不能预定座位

D. 该航班提供特殊餐食

第6章　旅客订座记录

6.1　概　述

1．什么是PNR

旅客订座记录(Passenger Name Record，PNR)，代理人通过该记录告知航空公司旅客的个人信息、航程、航班、日期、舱位、座位数、特殊需求等。最主要是代理人通过PNR为旅客在民航系统中实现订座，生成一个有效PNR后，系统会返回一个PNR编号。

PNR的最主要作用是订座，还可以建立常客信息、订旅馆，以及其他相关信息。系统中，PNR在航班起飞后保留三天。

2．PNR的基本构成

(1) 订座PNR包括以下几项：

姓名组　　　MM；

航段组　　　SS、SD、SN、SA；

联系组　　　CT；

票号组　　　TK（TK:TL）。

(2) 出票PNR在此基础上增加：

票价组　　　FN(Fare)；

票价计算组　FC(Fare Calculation)；

付款方式组　FP(Form of Payment)。

(3) 根据具体情况还可以增加：

婴儿姓名组　XN(Infant Name)；

旅游代码组　TC(Tour Code)；

签注信息组　EI(Endorsement Information)；

备注组　　　RMK；

特殊服务组　SSR；

其他服务信息组　OSI等项。

6.2　PNR各组项的创建

6.2.1　姓名组

姓名组是组成旅客订座记录(PNR)必不可少的组项，它记录了旅客姓名、所订座位数、称谓、特殊旅客代码等内容。

1. 姓名组的建立

指令格式：

成人姓名组 >NM:该姓名的订座总数/旅客姓名(特殊旅客代码)

婴儿姓名组 >XN:IN/婴儿姓名 INF(婴儿出生年月)/婴儿跟随旅客序号

格式说明：

(1) 姓名组由 26 个英文字母或汉字组成；

(2) 若输入英文字母的姓名，姓不得少于两个字母；姓与名之间需用斜线(/)分开(中文姓名无此限制)，每个旅客姓名最多只能有 1 个斜线(/)；

(3) 旅客姓名长度最大为 55 个字符；

(4) 散客记录最大旅客数为 9 人，旅客数大于 9 人的记录为团体旅客记录。

例 1 英文（拼音）姓名的输入。

输入 REINHARD/HAETTI、STEFAN/PLETZER、ZHU/QI 的姓名。

>NM:1ZHU/QI 1REINHARD/HAETTI 1STEFAN/PLETZER

>RT:

1.REINHARD/HAETTI 2.STEFAN/PLETZER 3.ZHU/QI

4.BJS/T PEK/T 010-63406973/SHIPU TRAVE AGENCY/LIU DE PU ABCDEFG

5.BJS123

例 2 相同姓氏旅客姓名的输入。

为 ZHANG JIAN、ZHANG QIANG、LIU QUN、LIU WEI、LIU HANG 建立姓名组。

>NM:1ZHANG/JIAN 1ZHANG/QIANG 1LIU/QUN 1LIU/WEI 1LIU/HANG

也可以这样输入：

>NM:2ZHANG/JIAN/QIANG 3LIU/QUN/WEI/HANG

>RT:

3.LIU/QUN 4.LIU/WEI 5.LIU/HANG 1.ZHANG/JIAN 2.ZHANG/QIANG

6.BJS/T PEK/T 010-63406973/SHIPU TRAVE AGENCY/LIU DE PU ABCDEFG

7.BJS123

说明：

(1) 第二种姓名组输入方式只适用于英文字母的姓名；

(2) 旅客顺序按照姓氏的字母先后排列；姓氏相同时，先输入的姓名排列在前；

(3) PNR 生效后（即封口后），旅客姓名序号会显示为 LIU/QUN 是 1 号，LIU/WEI 是 2 号。

例 3 中文姓名的输入。

输入赵宜明、钱海良、孙家浩的姓名。

>NM:1 赵宜明 1 钱海良 1 孙家浩

>RT:

1.钱海良 2.孙家浩 3.赵宜明

4.BJS/T PEK/T 010-63406973/SHIPU TRAVE AGENCY/LIU DE PU ABCDEFG

5.BJS123

说明：

(1) 国内旅客要输入其中文姓名；出国际票时，必须输入英文字母；

(2) 输入旅客姓名时，要保证姓名的准确，因为有些航空公司禁止修改旅客姓名。

例4 无人陪伴儿童姓名的输入。

为一个 4 岁的无人陪伴儿童建立姓名组：

>NM:1WANG/GANG(UM4)

>RT:

1.WANG/GANG(UM4)

2.BJS/T PEK/T 010-63406973/SHIPU TRAVE AGENCY/LIU DE PU ABCDEFG

3.SSR UMNR YY NN1 UM4/P1

4.PEK099

说明：

(1) UM 是无人陪伴儿童的英文缩写，4 是儿童年龄；

(2) SSR 项（特殊服务组）由系统自动产生，用来通知航空公司无人陪伴儿童情况。

例5 婴儿姓名的输入。

一个成人带一个婴儿(不占座)，建立姓名组。

>NM：1 赵宜明

　XN:IN/赵小云 INF(MAR09)/P1

>RT:

1.赵宜明

2.XN/IN/赵小云 INF(MAR09)/P1

3.BJS/T PEK/T 010-63406973/SHIPU TRAVE AGENCY/LIU DE PU ABCDEFG

4.BJS123

说明：

(1) 婴儿（0 岁～2 岁）不占座位；

(2) IN 是婴儿标识，括号中 MAR09 是出生年月，P1 是婴儿跟随旅客的序号。

2．姓名组的修改

指令格式：

>旅客姓名的序号/所需修改的旅客人数　旅客姓名(特殊旅客代码)

例　假设现有三人的旅客记录如下：

1.GAO/FENG 2.HAO/HAIDONG 3.LI/BING M4MDS

4.WH2137 Y　　SA10OCT　PEKCAN HK3　　1030 1310

5.BJS/T PEK/T 010-63406973/SHIPU TRAVE AGENCY/LIU DE PU ABCDEFG

6.C

56

7.TL/1200/8OCT/BJS123

8.RMK CA/JV3C6

9.BJS123

预将旅客 GAO/FENG 改为 XIE/FENG，应为：

>1/1XIE/FENG

>@

>RT M4MDS

1.HAO/HAIDONG 2.LI/BING 3.XIE/FENG M4MDS

4.WH2137 Y   SA10OCT   PEKCAN HK3   1030 1310

5.BJS/T PEK/T 010-63406973/SHIPU TRAVE AGENCY/LIU DE PU ABCDEFG

6.C

7.TL/1200/8OCT/BJS123

8.RMK CA/JV3C6

9.BJS123

修改姓名时，若出现提示"No Name Change for CZ/Y"，是指航空公司限制修改姓名。

6.2.2 航段组

代理人对航班座位进行实际销售是由建立航段组来完成的。

一般情况下，航段组可以分为以下几种情况：

(1) 可采取行动的航段组（Actionable）　SS、SD；

(2) 信息航段组（Information）或到达情况不明航段组（ARNK）　　SA

若旅客到达情况不知道或不是搭乘定期航班，可用 ARNK 表示；

(3) 不定期航段组（OPEN）　　SN。

对于可采取行动（Actionable）的航段组通常有两种方法可以申请航班座位：

(1) 直接建立航段组（SS）：代理人必须知道待订航班的所有信息如航班号、日期、航段、舱位、座位数及起飞时间等情况。

(2) 间接建立航段组（SD）：代理人需要先用 AV 指令将航班信息提出，再根据旅客的要求选择适当的班次。

到达情况不明航段或信息航段可用 SA 指令建立，这样的航段不占用座位，只是作为信息通知代理人，或者为了保证 PNR 中的航段的连续性，而建立此航段。

不定期（OPEN）航段组是为了方便旅客行程，事先为旅客以不定期航段出票，旅客可以依据各自情况签转航班。作为不定期航段，必须确认的内容是航段和舱位，其他内容如航空公司、旅行日期可以置为不确定信息。

1. 直接建立航段组(SS：)

指令格式：

>SS:航班号/舱位/日期/航段/行动代码/订座数/起飞时间 到达时间

格式说明：

(1) 对于中国民航的航空公司的航班，代理人只能订取系统中实际存在的航班；

(2) 用 SS 订取外国航空公司的航班时，代理人应事先了解详细的航班情况；

(3) 代理人使用 SS 直接建立航段组时，一次输入最多可订取 5 个航班。

例 1 旅客申请订取 CA1301 航班，Y 舱，20OCT，北京到广州的一个座位。
>SS:CA1301/Y/20OCT/PEKCAN/NN1/1450 1745
>RT:

1.CA1301 Y SA20FEB PEKCAN DK1 1450 1745 74E S 0	
2.PEK099	

　　显示中"NN"和"DK"就是所谓的订座状态代码和行动代码，是旅客订座记录里航段组中非常重要的组成部分。代理人可以通过检查旅客订座记录中的状态代码和行动代码，见表 6.1 所列，来确定这个订座记录的真实占座情况。通常所说的旅客订座记录的状态，就是指这个 PNR 的航段状态代码及行动代码。

表 6.1　状态及行动代码

行动代码	含　　义	封口（@）后状态及含义	
DR	再确认	RR	再确认
DK	直接占座	HK	确认
DW	候补	HL	候补
KK	确认	HK	确认
KL	从候补状态确认	HK	确认
SS	销售	HK	确认
TK	确认，提示旅客航班时刻已更改	HK	确认
TL	候补，提示旅客航班时刻已更改	HL	候补
TN	申请，提示旅客航班时刻已更改	HN	申请
NN	申请	HN	申请
NO	航空公司不允许销售	该航段被移入 PNR 历史部分	
UC	不接受候补或订座，航班已关闭（不接受申请）	该航段被移入 PNR 历史部分	
UN	航班取消	该航段被移入 PNR 历史部分	
US	不接受订座（航班已关闭，可以候补）	HL	候补
UU	不接受订座（可以候补）	HL	候补
XL	取消候补	该航段被移入 PNR 历史部分	
XX	取消确认或申请	该航段被移入 PNR 历史部分	

例 2 为旅客候补 CA1301 航班，Y 舱，20OCT，北京到广州的一个座位。
>SS:CA1301/Y/20OCT/PEKCAN/LL1
>RT:

1.CA1301 Y SA20FEB PEKCAN DW1 1450 1745 74E S 0	
2.PEK099	

2. 间接建立航段组(SD:)

指令格式:

>SD:航班序号/舱位等级/日期/行动代号/订座数/到达情况标识

例 由 AV 指令得到航班可利用状态如下:

>AV:PEKCAN/+

30SEP(WED)PEKCAN

1- CA1321 PEKCAN 0900 1200 340 0 M DS# FA AS CA DS YA BA HA KA LS QS MS TS GS XS WS VS

2 WH2137 PEKCAN 1030 1310 300 0 M DS# FA YA BA RA IIA Z5

3 CZ3102 PEKCAN 1210 1500 777 0 M DS# CA DS YA WA KA HA MA GS QS VS BS ZS

4 XO9311 PEKCAN 1250 1555 TU5 0 M AS# YL KL HL MQ

5+ CZ346 PEKCAN 1435 1720 77B 0 M DS# FS AS C6 D6 Y1 KA MA GS ZS

订取 CA1321 航班 F 舱 1 个座位:

>SD:1F1

>RT:

1.CA1321 F   WE30SEP   PEKCAN DK1   0900 1200   340 S 0

2.PEK099

当所订的航班舱位不存在或状态不正确时,系统给出应答为 UNABLE 并显示航班情况。

如订取 CA1321 的 D 舱,系统应答为:

CA1321 D   30SEP   PEKCAN NN1   UNABLE

30SEP(WED) PEKCAN

1- CA1321 PEKCAN 0900 1200 340 0 M DS# FA AS CA DS YA BA HA KA LS QS MS TS GS XS WS VS

2 WH2137 PEKCAN 1030 1310 300 0 M DS# FA YA BA RA HA Z5

3 CZ3102 PEKCAN 1210 1500 777 0 M DS# CA DS YA WA KA HA MA GS QS VS BS ZS

4 XO9311 PEKCAN 1250 1555 TU5 0 M AS# YL KL HL MQ

5+ CZ346 PEKCAN 1435 1720 77B 0 M DS# FS AS C6 D6 Y1 KA MA GS ZS

3. 到达情况不明航段的建立(SA:)

指令格式:

>SA:日期/始发城市 目的地城市

例 1 一位天津的旅客要求订北京至上海的航班座位。按旅客的要求建立了记录,还应在 PNR 中说明旅客是从天津到北京的。

>RT:

1.WANG/JUN

2.CA1501 Y FR10DEC PEKSHA DK1   0840   1035   777 S 0

3.BJS/T PEK/T 010-63406973/SHIPU TRAVE AGENCY/LIU DE PU ABCDEFG

4.66017755

5.TL/1200/07DEC/BJS123

6.BJS123

>SA:8DEC/TSNPEK

>RT:

1.WANG/JUN

2. ARNK　　　　　　TSNPEK

3. CA1501 Y FR10DEC PEKSHA DK1　0840　　1035　　　　777 S 0

4.BJS/T PEK/T 010-63406973/SHIPU TRAVE AGENCY/LIU DE PU ABCDEFG

5.66017755

6.TL/1200/07DEC/BJS123

7.BJS123

>@

CA1501　Y FR10DEC PEKSHA HK1　0840　　1035

N6B7K

例2　地面运输航段。

>RT:NK8TX

1.WANG/JUN NK8TX

2. CA925　T　　FR24DEC　PEKNRT RR1　　0920 1350

3. CA922　T　　MO10JAN　KIXPEK HK1　　1535 2010

4.BJS/T PEK/T 010-63406973/SHIPU TRAVE AGENCY/LIU DE PU ABCDEFG

5.66017755

6.RMK CA/H1C93

7.FN/FCNY8520.00/SCNY6000.00/C9.00/XCNY166.00/TSWCNY166.00XT/ACNY8686.00

8.FP/CASH，CNY

9.BJS123

>FC:BJS CA TYO 514.65YLPX1M /-OSA CA BJS451.22YLPX1M NUC965.87END/
-ROE8.277400

FC 输入时，系统回应：

CONTINUITY

这说明，PNR 中的航段不连续，需要手工加入 NRT 到 KIX 航段，才可输入 FC，再
出票。

>SA:NRTKIX

FC:BJS CA TYO 514.65YLPX1M /- OSA CA BJS451.22YLPX1M NUC965.87END/
-ROE8.277400

>RT:

1.WANG/JUN NK8TX

2.CA925　T　　FR24DEC　PEKNRT RR1　　0920 1350

3.ARNK　　　　　　NRTKIX

4.CA922　T　　MO10JAN　KIXPEK HK1　　1535 2010

5.BJS/T PEK/T 010-63406973/SHIPU TRAVE AGENCY/LIU DE PU ABCDEFG

6.66017755

7.FC/BJS CA TYO 514.65YLPX1M /-OSA CA BJS 451.22YLPX1M NUC965.87END

 -ROE8.277400

8.RMK CA/H1C93

9.FN/FCNY8520.00/SCNY6000.00/C9.00/XCNY166.00/TSWCNY166.00XT/ACNY8686.0-0

10.FP/CASH，CNY

11.BJS123

4．不定期航段的建立(SN:)

例1　在已存在 PNR M4MMN 中建立 PEK 到 CAN，12 月 10 日，F 舱的 OPEN 航段。

>RT:M4MMN

1.XIE/FENG M4MMN

2.CZ3101　　K　　TU01DEC　CANPEK RR1　　0820 1050

3.C2526

4.T/999-1069235121-122

5.RMK CA/JV3LM

6.PEK099

>SN:YY/F/10DEC/PEKCAN

>RT:

1.XIE/FENG M4MMN

2.CZ3101　　K　　TU01DEC　CANPEK RR1　　0820 1050

3.YYOPEN　　F　　TH10DEC　PEKCAN

4.C2526

5.T/999-1069235121-122

6.RMK CA/JV3LM

7.PEK099

例2　旅客购买北京新加坡往返机票，回程为新加坡航空公司的 Y 舱 OPEN。

>SN:SQ/Y/SINPEK

>RT:

1.WANG/JUN M479T

2.SQ811　　N　　SU20DEC　PEKSIN RR1　　0825 1450

3.SQOPEN　Y　　　　　　SINPEK

4.66017755

5.FC/PEK B-20DEC A-20DEC SQ SIN 413.64YEE3/14 B-23DEC A-03JAN SQ PEK

　413.64YEE3/14 NUC827.28END ROE8.27998

6.FN/FCNY6850.00/SCNY5000.00/C0.00/XCNY76.00/TCNY76.00SG/ACNY6926.00

7.EI/NON-END/RRTE/NO CHANGE OF FLT/DTE ALLOWED ON PEK-SIN

8.FP/CASH，CNY/AGT08310111

9.PEK099

说明：

(1) 只有 OPEN 航段不能建立起 PNR；

(2) 有些航空公司不允许代理人出 OPEN 票，代理人应根据航空公司的规定进行操作。

6.2.3　联系组

联系组的功能是记录各种联系信息，方便查询代理人及旅客信息。PNR 中的联系组分为两部分：

(1) 代理人联系信息。代理人联系信息是代理人在订座时，计算机系统自动生成的，包括人代理所在城市、名称、电话及负责人，便于航空公司与代理人之间联系。因此，若代理人联系组的信息有所改变，应及时与中航信相应部门联系，及时更改，以保证信息的准确性。

(2) 旅客联系信息。由代理人手工输入，记录旅客的联系电话，便于代理人与旅客联系。

指令格式：

>CT:城市代码/自由格式文本/旅客标识

例　北京旅客联系电话为 66017755-2509。

>CT:PEK/66017755-2509

>RT:

1.PEK/66017755-2509

2.BJS/T PEK/T 010-63406973/SHIPU TRAVE AGENCY/LIU DE PU ABCDEFG

3.BJS123

为此 PNR 建立姓名组、航段组之后，

>RT:

1.WANG/JUN　P53WS

2.CA1501 Y FR10DEC PEKSHA DK1　0840　　1035　　　　777 S 0

3.BJS/T PEK/T 010-63406973/SHIPU TRAVE AGENCY/LIU DE PU ABCDEFG

4.PEK/66017755-2509

5.TL/1200/07DEC/BJS123

6.BJS123

6.2.4　出票组

出票组注明旅客的出票情况。已出票的，系统将自动给出票号；未出票的，代理人则需在 PNR 中写明具体出票的时限。出票时限可以根据旅客情况而定，但通常要求旅客在航班起飞 3 天之前出票。到达出票时限，计算机系统会向相应部门拍发电报，提示代理人出票，否则订座将会被航空公司取消。

指令格式：

>TK:TL /时间/日期/出票部门/旅客标识

例 为 PNR 中旅客设置出票时限。

>TK:TL/1200/8DEC/BJS123

>RT:

1.LI/SAN 2.ZHANG/WAN 3.ZHAO/YI M4MDS

4.WH2137 Y　　SA10OCT　PEKCAN HK3　　1030 1310

5.BJS/T PEK/T 010-63406973/SHIPU TRAVE AGENCY/LIU DE PU ABCDEFG

6.66017755

7.TL/1200/06OCT/BJS123

8.RMK CA/JV3C6

9.BJS123

6.2.5　特殊服务组

特殊服务组是代理人记录旅客在旅行中需要的特殊服务，并依此与航空公司进行信息交换。

特殊服务包括特殊餐食、常客信息、无人陪伴儿童等内容，这些内容都需要代理人手工输入来建立，该项内容中还记录航空公司通知代理人的信息，如代码共享航班信息、网上订座信息、旅客未乘机信息等。

每次建立和修改 SSR 组项，其内容将随着电报传递到相应的航空公司信箱（QUEUE）中（通常为 SR QUEUE），航空公司确认后，该信息返回到代理人信箱中，代理人提取 PNR 即可查询到。

指令格式：

>SSR:服务类型代码/航空公司代码/行动代号　需要该项服务的人数/航段/
　　　自由格式文本/旅客标识　需要该项服务的航段序号

例 1　为第二个旅客订无盐餐食。

>SSR:SPML/CA/NN1/CANPEK /1322 B 12DEC　NOSALT/P2

输入后显示：

1.GAO/FENG 2.HAO/HAIDONG 3.LI/MING M4MMV

4.CA1322 B　　SA12DEC　CANPEK HK3　　1305 1555

5.CA1321 Y　　SU13DEC　PEKCAN HK3　　0900 1200

6.C2526

7.TL/1200/01DEC/PEK099

8.SSR SPML CA HN1 CANPEK 1322 B12DEC NOSALT/P2

9.RMK CA/JV3N0

10.PEK099

也可用另一种格式实现上述功能：

>SSR:SPML/CA/NN1/NOSALT/P2/S5

"S5"表示需要该项服务的航段序号。

输入后显示：

1.GAO/FENG 2.HAO/HAIDONG 3.LI/MING M4MMV

4.CA1322 B   SA12DEC   CANPEK HK3   1305 1555

5.CA1321 Y   SU13DEC   PEKCAN HK3   0900 1200

6.C2526

7.TL/1200/01DEC/PEK099

8.SSR SPML CA HN1 CANPEK 1322 B12DEC NOSALT/P2

9.SSR SPML CA HN1 PEKCAN 1321 Y13DEC NOSALT/P2

10.RMK CA/JV3N0

11.PEK099

例2 代理人通知航空公司票号情况。

一些国外航空公司要求将票号信息以特殊的方式输入，以便传回对方系统。

1.KONDO/KOJI MGV4B

2.JL782   B   TU28DEC   PEKNRT RR1   1500 1910

3.JL781   B   MO10JAN   NRTPEK HK1   1040 1340

4.BJS/T BJS/T 010-65053330-321/FESCO CHINA WORLD TOWER/LIU XIAO FANG

5.UJ

6.T

7.SSR OTHS JL TKTN131-2567420439

8.SSR OTHS 1E JL781 NON-SMOKING

9.SSR OTHS 1E JL781 DEP TERMINAL 2

10.SSR OTHS 1E JL782 NON-SMOKING

11.OSI JL TKTN131-2567420439

12.RMK JL/2548VT

13.FN/FCNY8520.00/SCNY5000.00/C0.00/XCNY166.00/TSWCNY166.00JP/ACNY8686.00

14.TN/131-2567420439/P1

15.FP/CHECK，CNY

16. BJS249

(1) PNR 中的第 7 项，是由代理人手工输入的票号项，并且在 SSR 中加上航空公司代码 JL，才能保证传回到 JL 系统中；

(2) PNR 中的第 8、9、10 项，是对方系统传回的航班座位情况，如第 8、10 项，是无烟区座位及登机口情况。

例3　代理人通知航空公司关于旅客的情况。

>SSR:OTHS CA PSGRS ARRIVAL CAN AT 1DEC

>RT:

```
1.GAO/FENG 2.HAO/HAIDONG 3.LI/MING M4MMV
 4.CA1322 B    SA12DEC   CANPEK HK3    1305 1555
 5.CA1321 Y    SU13DEC                         PEKCAN HK3    0900 1200
 6.C2526
 7.TL/1200/01DEC/PEK099
 8.SSR SPML CA HN1 CANPEK 1322 B12DEC NOSALT/P2
 9.SSR SPML CA HN1 PEKCAN 1321 Y13DEC NOSALT/P2
10.SSR OTHS CA PSGRS ARRIVAL CAN AT 1DEC
11.RMK CA/JV3N0
12.PEK099
```

例4　建立无人陪伴儿童信息。

>NM:1WANG/GANG(UM4)

>RT:

```
1.WANG/GANG(UM4)
2.BJS/T PEK/T 010-63406973/SHIPU TRAVE AGENCY/LIU DE PU ABCDEFG
3.SSR UMNR YY NN1 UM4/P1
4.BIS123
```

>SS:WH2137 Y 10OCT　PEKCAN RR1

　CT:66017755

　TK:TL/1200/7OCT/BJS123　　输入

>RT:

```
1.WANG/GANG(UM4) M4MDK
2.WH2137 Y    SA10OCT    PEKCAN RR1    1030 1310
3.BJS/T PEK/T 010-63406973/SHIPU TRAVE AGENCY/LIU DE PU ABCDEFG
4.66017755
5.TL/1200/7OCT/BJS123
6.SSR UMNR WH HN1 PEKCAN 2137 Y10OCT UM4/P1
7.RMK CA/JV3C3
8.BJS123
```

例5　航空公司提醒代理人尽快出票。

```
1.ZHANG/SHUNGGN P02ZW
2.SQ286   Q    FR14JAN   AKLSIN HX1   1515 2015
3.SQ812   Q    SA15JAN   SINPEK HX1   0110 0710
```

4.BJS/T BJS/T 010-65053330-321/FESCO CHINA WORLD TOWER/LIU XIAO FANG

5.NC

6.TL/1200/14DEC99/BJS249/LIU

7.SSR ADTK 1E TO SQ BY 14DEC OTHERWISE WILL BE XXLD

8.RMK SQ/JD7KJ8

9.BJS249

例6 航空公司取消座位的原因。

1.YANG/QING MNBM7

2.KL569   B   SA08JAN   DARAMS   HX1   0030 0755

3.KL897   B   SA08JAN   AMSPEK   HX1   1635 0855+1   DCNT

4.BJS/T BJS/T 010-65053330-321/FESCO CHINA WORLD TOWER/LIU XIAO FANG

5.TL/1200/16DEC99/BJS249

6.SSR OTHS 1E XLD BY EXP./TKT

7.SSR OTHS 1E *FINAL REMINDER* PSE FIND ALT FOR WL OR XX IF NOT ACT

8.SSR OTHS 1E *2ND REMINDER* PSE FIND ALT FOR WL OR XX IF NOT ACT

9.SSR OTHS 1E *REMINDER*PSE FIND ALT FOR WL OR XX IF NOT ACT

10.RMK AK AMSKLX7I7RU

11.RMK AK SWI1G L8BJ16

12.BJS249

例7 代码共享（CODE SHARE）航班的说明。

当代理人建立的 PNR 中包含有代码共享航班时，PNR 中会出现添加 SSR 项加以说明。

1.CHEN/SHUSHU N6RNE

2.CA981   K   WE29DEC   PEKDTW RR1   1000 1000

3.BJS/T BJS177/T 010-68510037/BJS BAO SHENG AIR PAX-FREIGHT TRAVEL AGENCY/

4.T

5.SSR OTHS 1E CA FLT 981 OP BY NW -CKIN WITH NW

6.RMK CA/HBECN

7.FN/FCNY7800.00/SCNY3900.00/C9.00/XCNY211.00/TXYCNY50.00US/TYCCNY42.00US/TXTCNY119
.00US/ACNY8011.00

8.TN/999-3865663868/P1

9.FP/CASH，CNY

10.BJS177

例8 机上座位预留信息。

1.TESTER

2.FM105 Y 21DEC SHAPEK HK1 1520 1720

3.NC

4.T

5.SSR SEAT FM HK1 SHAPEK Y21DEC 5AS

6.PEK099

例 9 旅客未登机信息。

1.CHAU/PAK CHUEN P6Q9E

2.CA101　B　　MO27DEC99PEKHKG　HX1　　　0750 1050

3.BJS/T BJS/T 64182107/CHINA AIR INT. TRAVL SERVICE MEI LIAN TICKET

CENTER//DUAN MIN LU ABCDEFG

4.BAIQUANWENCAI

5.T/999-4204547216

6.SSR OTHS 1E CANCELED DUE TO NOSHO AT AIRPORT

7.BJS562

例 10 互联网订座信息。

1.LI/PING 2.MENG/HUA 3.PEI/LIANG 4.XU/XIANG　　NRTSJ

5.CZ3104 C　　FR28JAN　PEKCAN HK4　　1530 1820

6.BJS/T 010-66151585/ZHANG JI YAN ABCDEFG

7.TEL2523PRICEPAYOFFLINE7080

8.TL/1430/28JAN/BJS391

9.SSR OTHS CZ INTERNET BOOKING FROM BJS391

10.RMK CA/KPJTB

11.BJS391

6.2.6　其他服务情况组

其他服务情况组提供不需立即回答的服务的情况，相应的电报或 QUEUE 将会出现在航空公司的有关部门。

指令格式：

>OSI:航空公司代码/自由格式文本/旅客标识

例　第三个旅客为 VIP，为他建立 OSI 项。

>OSI:YY/VIP CORPORATE VP/P3

>RT:

1.GAO/FENG 2.HAO/HAIDONG 3.LI/MING M4MMV

4.CA1321 Y　　SU13DEC　PEKCAN HK3　　0900 1200

5.CZ319　Y　　MO14DEC　CANHKG HK3　　0825 0905

6.C2526

7.TL/1200/01DEC/PEK099

```
8.OSI YY VIP CORPORATE VP/P3
9.RMK CA/JV3N0
10.PEK099
```

6.2.7 备注组

备注组是用来记录某些可能有助于了解旅客情况的信息。备注组可以分为两类：

(1) 代理人手工输入的信息；

(2) 当代理人系统与 PNR 中所订的航空公司系统存在记录编号反馈的时候，由系统自动加入 RMK 组，用以记录该 PNR 与航空公司系统对应的 PNR 记录编号。

手工输入指令格式：

>RMK:备注组类型/自由格式文本/旅客标识

例 1 为旅客建立备注组。

>RMK:PLS KEEP SEATS

```
1.GAO/FENG 2.HAO/HAIDONG 3.LI/MING M4MMV
4.CA1321 Y     SU13DEC   PEKCAN HK3     0900 1200
5.CZ319   Y     MO14DEC   CANHKG HK3     0825 0905
6.C2526
7.TL/1200/01DEC/PEK099
8.MA/MING LI，，EAST CHANGAN STREET NO 15/P3
9.OSI YY VIP CORPORATE VP/P3
10.RMK PLS KEEP SEATS
11.RMK CA/JV3N0
12.PEK099
```

系统自动加入指令格式：

>RMK:航空公司代码/航空公司相对应的记录编号

例 2 当代理人建立一个 PNR。

>SS:CZ3196 Y 10DEC PEKCAN NN1

 NM:1GAO/FENG

 CT:2526

 TK:TL/1200/1DEC/PEK099

 @

系统输出为：

```
CZ3196   Y TH10DEC   PEKCAN DK1     0805 1105
MD55D
```

>RT:MD55D

```
1.GAO/FENG MD55D
2.CZ3196 Y    TH10DEC  PEKCAN HK1    0805 1105
3.2526
4.TL/1200/01DEC/PEK099
5.RMK CA/HZDY3
6.PEK099
```

"RMK CA/HZDY3"表明该 PNR 已成功建立,HZDY3 为航空公司系统中对应的记录编码。只要是订取中国民航的航空公司航班,备注组的航空公司代码均为 CA。

当代理人订取外国航空公司的航班座位时,有时会存在两个备注组。它们分别标识航空公司的记录编号和为订取该航空公司座位所中转的 GDS 或 CRS 的记录编号。如下:

```
1.GAO/FENG MD72Q
2.CP983  H    TH10DEC  YYZYVR HK1    0845 1040        $DS$
3.2523
4.TL/1200/01DEC/PEK099
5.RMK 1W/USTJQH          //1W(SABRE)系统对应的记录编号
6.RMK CP/USTJTW          //CP 航空公司系统对应的记录编号
7.PEK099
```

例3 计算机系统提示该记录是由航空公司系统建立的。

```
0.2BJJXZ NM2 M0P9X
3.  H4182  Y    FR04FEB  PEKHAK RR2    1210 1610
4.67189666
5.T
6.RMK CA/JYJPG
7.RMK CLAIM PNR ACK RECEIVED
8.FN/FCNY1800.00/SCNY1800.00/C3.00/ACNY1800.00
9.TN/C05-6053541710/P1
10.TN/C05-6053541711/P2
11.FP/CASH,CNY
12.BJS315
```

6.2.8 票价计算组

1. 单程指令格式

>FC:始发城市或机场三字代码/承运人二字代码/到达城市或机场三字代码/该航段票价及票价类别/整个 PNR 中航程的票价及货币代号/END 结束标志

输入 FC 项之前,必须先建立航段组,FC 的输入内容必须与航段相匹配;否则系统不接受,会显示"ITINERARY DOES NOT MATCH FC"或"ITIN/FC"。

城市代码与航空公司代码之间必须空格分开。FC 的内容超过一行时,在第二行先输入横线，再输入其他内容。

出票以后，FC 将从 PNR 现行部分进入历史部分。若需重新输入 FC 项，可用 RTU1 将 FC 从 PNR 历史部分提出来，输入即可。

例：

>FC:SHA MU PEK 900.00YB CNY900.00END

国内票价若使用折扣票价，FC 应反映出折扣后的票价，票价类别以及折扣百分比。一般地，单程的票价计算可用 NA 表示，输入

>FC:NA

2. 联程指令格式

>FC:始发城市或机场三字代码/承运人二字代码/到达城市或机场三字代码/第一航段票价及票价类别/承运人二字代码/到达城市或机场三字代码/第二航段票价及票价类别/整个 PNR 中全航程的票价及货币代号/END 结束标志

例：

>FC:SHA MU PEK 900.00YB MU TNA 500.00YB CNY1400.00END

此外，对于多种税款的输入，票价计算组 FC 项可提供自由格式的文本输入多种税款。

>FC:BJS UA X/TYO UA SFO Q5.00 M 1116.34HPCNO NUC1121.34END

　　-/ROE8.277000XT CNY111.00US TEXT/26XA85XF25Xy30YC45AY55TR

票价计算组 FC 项还增加了销售代码 SITI、SITO、SOTO 的输入。

>FC:BJS UA X/TYO UA SFO Q5.00 M 1116.34HPCNO NUC1121.34END

　　-/ROE8.277000 SOTO XT CNY26.00XA85.00XF

6.2.9 票价组

1. 国内客票 FN 标准输入格式

>FN:FCNYxxxx.xx/SCNYxxxx.xx/Cx.xx

系统可以进行 FCNY 与 SCNY 数值的检查，FN 项中 SCNY 不能大于 FCNY，若大于，系统会提示 "MOUNT"。

例：

>FN:FCNY1000.00/SCNY1000.00/C3.00

2. 国际客票 FN 标准输入格式

>FN:FCNYxxxx.xx/SCNYxxxx.xx/Cx.xx/TCNYx.xxXX/TCNYx.xxXX

-/TCNYxxx.xxXT

系统可以验证合并税 XT 项的税款数与 FC 项中分解税的总数是否一致，不一致时系统提示 "XT MISMATCH WITH IN FN"。此外，输入税款时，可不输入国家代码，只需输入税种代码。

例：

>FN:FCNY6060.00/SCNY2900.00/C9.00/TCNY50.00US/TCNY42.00YC

-/TCNY119.00XT

国际客票中税款多于三项时，可列出其中的两项，其余各项合并在一起，用代号"XT"

表示，在 FC 项中，将合并税项 XT 项展开。

>FC:PEK F-4PC MU LAX 6060.00YABO Y6060.00/ROE8.27700XT CNY102.00XA
-/17.00US

FN 中不能有重复的税种出现，否则系统显示"TAX"。

>FN:FCNY1400.00/SCNY1400.00/C3.00/TCNY100.00CN/TCNY90.00YQ/ACNY1590.00

FN 中金额必须按顺序输入，如果不输入 ACNY，系统会自动默认 ACNY 的金额与
税款加上票价金额相等。

PNR 中若输入某旅客的票价，则需单独指明。假设 P2 为 PNR 中旅客序号，则：

>FN:FCNY780.00/SCNY780.00/C3.00/P2

婴儿客票需要加上婴儿标识 IN，如：

>FN:IN/FCNY200.00/SCNY200.00/C0.00

婴儿客票的代理费是 0。

6.2.10　付款方式组

指令格式：

(1) >FP:CASH,CNY　　　使用现金付款；

(2) >FP:CHECK,CNY 或 >FP:CHEQUE,CNY　　　使用支票付款；

(3) >FP:CHECK,CNY/CA8635-20　　　航空公司要求代理人输入的特殊代码；

(4) >FP:CC/1234567　　CC 为信用卡标识，1234567 为卡号；

(5) >FP:MS/1234567　　MS 为杂费证标识，1234567 为杂费证号码。

6.2.11　旅游代码组

指令格式：

>TC:F/自由格式内容

例

(1) >TC:F/ALLBN；

(2) >TC:F/J22GA803；

(3) >TC:F/CN301A。

出票以后，TC 将从 PNR 现行部分进入历史部分，通过 RTU1 可以提出。

6.2.12　签注信息组

指令格式：

>EI:自由格式内容

在签注栏中注明不得退票，不得签转。EI 的输入格式自由，且可以输入中文。

出票以后，EI 项将从 PNR 现行部分进入历史部分，通过 RTU1 可以提出。

例

(1) >EI:NONEND NONREF(或 NON-REFUNDABLE)；

(2) >EI:NONEND NONREF/P1；

(3) >EI:不得签转;

(4) >EI:不得退票 TS06。

6.2.13　自动生成 FN/FC/FP 项

国内客票 PNR 中,可用 PAT 指令根据 PNR 中已有的航程信息,自动从系统的 FD 数据库中找到适用的运价并进行相加,进而给出参考的 FC、FN、FP 的输入格式。代理人确认结果后输入,即可将 FC、FN、FP 三项直接送入 PNR。

这个指令可以用来减少代理人的差错,防止航空公司和代理人之间的结算纠纷。

例

>RT:

```
1.MU583 Y FR10DEC PEKSHA DK1 1140 1340
2.MU5403 Y MO20DEC SHACTU DK1 0920 1155
3.BJS190
```

>PAT:

PAT:M

PEK MU SHA 900.00YB 100%900.0010DEC99

SHA MU CTU 1290.00YB 100%1290.0020DEC99

>FN:FCNY2190.00/SCNY2190.00/C3.00

FC:PEK MU SHA 900.00YB MU CTU 1290.00YB CNY2190.00END

FP:CASH,CNY　　　　　　<XMIT>

>RT:

```
1.MU583 Y FR10DEC PEKSHA DK1 1140 1340
2.MU5403 Y MO20DEC SHACTU DK1 0920 1155
3.FC/PEK MU SHA 900.00YB MU CTU 1290.00YB CNY2190.00END
4.FN/FCNY2190.00/SCNY2190.00/C3.00
5.FP/CASH,CNY
6.BJS190
```

再输入其他项即可出票。

由于婴儿总是跟随成人旅行,不占座位,在 PNR 中不必为婴儿订座,但是要输入婴儿票价、付款方式、票价计算过程等项。

在建立 PNR 时,正常建立成人 PNR,再输入婴儿项,包括:

姓名组　　　　　　XN:IN/

票价计算组　　　　FC:IN/

票价组　　　　　　FN:IN/

付款方式组　　　　FP:IN/

旅游代码组　　　　TC:IN/

下面是一成人携带婴儿的完整记录:

>NM:1 周州

SS:CA1304 K 31MAY SZXPEK RR1

CT:66017777

FC:SZX CA PEK 1120.00YB80 CNY1120.00END

FN:FCNY1120.00/SCNY1120.00/C3.00

FP:CASH,CNY

EI:NONEND

XN:IN/周晓燕 INF(MAY09)/P1

FC:IN/SZX CA PEK 140.00YB10 CNY140.00END

FN:IN/FCNY140.00/SCNY140.00/C3.00

FP:IN/CASH,CNY

EI:IN/NONEND

@

国际客票中，代理人可根据指令 DFSQ 输出内容，经过核对后，将国际客票中票价组 FN，票价计算组 FC 输入到旅客订座记录中，并进行出票操作。

例 旅客订座记录如下：

1.WANG/TIAN

2.UA850 H SU20JUL PEKORD HK1 1635 1630 DCNT

3.BJS/T

4.TL/1200/18JUL/PEK099

5.PEK099

显示运价结果：

>QTE:

输入：（选择自动生成 FN/FC）

>DFSQ:

输出：

FN: FCNY8340.00/SCNYXXXX.XX/CX.XX

-/TCNY58.00XY/TCNY42.00YC/TCNY137.00XT/ACNY8577.00

FC:20JUL03BJS UA CHI Q5.00

-1001.57

-NUC1006.57

-END

-/XT

-CNY 111.00US CNY 26.00XA

6.3 PNR 的 生 效

在修改或建立新的 PNR 时，用封口指令 @ 或 \，使修改或建立的 PNR 生效。在封口之前，PNR 虽然显示在屏幕上，但并未正式生效，只有封口后，才可以继续建立其他记录。

指令格式：

>@选择代码

说明:

(1) 封口指令可以单独输入,也可以在一组指令的最后输入;

(2) 封口时会自动检查所输入的内容是否完整;

(3) 封口后旅客的订座记录编号及航段信息将显示在屏幕上。

例 1 在 AV 航班信息查询的前提下:

>SD:1Y1

NM:1WANG/JUN

CT:NC

TK:TL/1200/7DEC/BJS123　　　　　输入

> @

CA1501 Y FR10DEC PEKSHA HK1　0840　　1035

N6B4M

>RT:

1.WANG/JUN　N6B4M

2.CA1501 Y FR10DEC PEKSHA HK1　0840　　1035

3.BJS/T PEK/T 010-63406973/SHIPU TRAVE AGENCY/LIU DE PU ABCDEFG

4.NC

5.TL/1200/07DEC/BJS123

6.RMK CA/K9M4R

7.BJS123

代理人在封口时,有时会遇到被系统拒绝的情况。因此,遇到特殊情况时,封口指令还有其他的选项,见表 6.2 所列。

表 6.2　封口指令选择代码

选择代码	描　　述
K	1.将行动代码 KK、KL 或 TK 变为 HK; 2.将行动代码 UU、US 或 TL 变为 HL; 3.将行动代码 TN 变为 HN; 4.将带有 NI,UC,UN 等行动代码的航段移入 PNR 历史部分; 5.PNR 中的任何航班更改标识(闪动的 S,P,C)或航班信息标识(闪动的 I)将被抹去
I	1.航段不连续; 2.邮寄时间不够; 3.有航班变更标识; 4.两个连接航段的停留时间小于最小连接时间

例 2 @K 的使用。

有 PNR 显示如下:

>RT MWDP9

1.GAO/FENG MWDP9

2.3Q4182 T   TU20OCT   PEKKMG KK1   1810 2110

3.BJS/T PEK/T 010-65538922/CHINA AIR SERVICE COMPANY/DONG SHU HUA

4.NC

5.TL/1200/15OCT/BJS191

6.RMK CA/JNMBZ

7.BJS191

>@K

>RT MWDP9

1.GAO/FENG MWDP9

2.3Q4182 T   TU20OCT   PEKKMG HK1   1810 2110

3.BJS/T PEK/T 010-65538922/CHINA AIR SERVICE COMPANY/DONG SHU HUA

4.NC

5.TL/1200/15OCT/BJS191

6.RMK CA/JNMBZ

7.BJS191

例3 @I 的使用。

有新建 PNR 如下:

1.XIE/FENG

2.CA977   Y   SA10OCT   PEKCAN DK1   0815 1115   763 S 0

3.3U561   Y   TH15OCT   CTUSHA DK1   0800 1000   320 S 0

4.BJS/T PEK/T 010-65538922/CHINA AIR SERVICE COMPANY/DONG SHU HUA

5.NC

6.TL/1200/07OCT/BJS191

7.BJS191

>@

CHECK CONTINUITY

系统提示代理人航段不连续,代理人在确认航段没有错误的情况下,可以用 @I 封口,系统输出:

>@I

CA 977   Y SA10OCT   PEKCAN DK1   0815 1115

3U 561   Y TH15OCT   CTUSHA DK1   0800 1000

N6WG7

例4 当多于一个人同时对一个 PNR 进行修改,需要重新提取该记录再修改。

当提出一个 PNR 并修改,封口时,若在屏幕上出现:

SIMULTANEOUS MODIFICATION—REENTER MODIFICATION

表示类似的修改,重新输入当前的修改,即在此期间有代理人也在同一时间提取同一个记录,修改后先封口,或是代理人打票后,立即提取记录并修改,而此时系统正将

75

票号返回到 PNR 中，并且先封口生效，则代理人本次修改不能记录进去，需重新提取该记录再修改。

>RT:

```
1.高浩  MB4RZ
2.WH2369   F    SU05DEC   XIYCAN RR1     1410 1615
3.PEK/64276688
4.T
5.FC/XIY WH CAN 2500.00FB CNY2500.00END
6.RMK CA/KPP6Z
7.FN/FCNY2500.00/SCNY2500.00/C3.00/ACNY2500.00
8.TN//P1
9.FP/CASH,CNY
10.PEK099
```

假如此时代理人欲修改付款方式项 FP，

>XE9

　FP:CHECK,CNY　　输入

>DZ:1/P1

SIMULTANEOUS MODIFICATION—REENTER MODIFICATION

这时应先 IG 还原 PNR，并重新提取该记录

>IG

>RT MB4RZ

```
1.高浩  MB4RZ
2.WH2369   F     SU05DEC   XIYCAN RR1     1410 1615
3.PEK/64276688
4.T
5.RMK CA/KPP6Z
6.FN/FCNY2500.00/SCNY2500.00/C3.00/ACNY2500.00
7.TN/783-6051234838/P1
8.FP/CASH,CNY
9.PEK099
```

通过比较发现，记录中的内容与刚才提出的已发生了变化。系统返回票号，应在此基础上进行修改付款方式项。

代理人可以同时使用@IK。若代理人建立了航段组，超过 5 分钟还未封口，系统内部会自动做 IG 将座位还原，防止恶意虚耗座位。代理人应做 IG，并重新建立 PNR。

6.4　PNR 的还原

在前面的例子中已经知道，对 PNR 的所有修改在封口以后才真正生效。如果封口之前发现所做的修改不对，可以使用 IG 指令将 PNR 还原成未修改时的样子。

指令格式：

>IG

例 以 PNR M01W6 为例，做过修改但未封口，可将其还原。

>RT M01W6

1.TU/LIJUN M01W6

2.CZ3375 H　　WE10FEB　CSXCAN HK1　　0810 0855

3.BJS/T PEK/T 010-65538922/CHINA AIR SERVICE COMPANY/DONG SHU HUA

4.76589234

5.TL/1000/01FEB/BJS191

6.RMK CA/HH49W

7.BJS191

再订一个 2 月 15 日的 CANSHA 航段，输入

>SS:CZ3613/Y/15FEB/CANSHA/NN1

暂不做封口。

>RT:

1.TU/LIJUN M01W6

2.CZ3375 H　　WE10FEB　CSXCAN HK1　　0810 0855

3.CZ3613 Y　　MO15FEB　CANSHA DK1　　0750 0940　　　　320 S 0

4.BJS/T PEK/T 010-65538922/CHINA AIR SERVICE COMPANY/DONG SHU HUA

5.76589234

6.TL/1000/01FEB/BJS191

7.RMK CA/HH49W

8.BJS191

可以看到 CZ3613 的 CANSHA 航段已经被加入了 PNR，订座状态是 DK。如果此时不想将 CZ3613 航段加入 PNR，而让 PNR 恢复到原来的状态，可以使用 IG 指令将 PNR 还原。

>IG

系统显示

>RT:M01W6 IGNORED

提示代理人 PNR M01W6 被还原了。提出此 PNR 可以看到仍然只有一个航段，

>RT:M01W6

1.TU/LIJUN M01W6

2.CZ3375 H　　WE10FEB　CSXCAN HK1　　0810 0855

3.BJS/T PEK/T 010-65538922/CHINA AIR SERVICE COMPANY/DONG SHU HUA

4.76589234

5.TL/1000/01FEB/BJS191

6.RMK CA/HH49W

7.BJS191

与修改航段的道理一样，在封口之前，对 PNR 所做的其他修改（如改名字，改出票时限，PNR 分离，取消部分旅客等），都可以用 IG 将其还原。

6.5 PNR 的提取

日常工作中经常需要提取旅客订座记录，可以通过以下几种方法提取旅客订座记录。

根据订座记录编号提取：	>RT:xxxxx
根据旅客姓名提取：	>RT:ZHANG/CA1301/10DEC
根据旅客名单提取：	>ML:C/CA1301/10DEC
	>RT:序号
根据航空公司记录编号提取：	>RRT:V/xxxxx/CA1301/10DEC
提取 PNR 完整内容：	>RT:C/xxxxx
提取 PNR 历史部分：	>RT:U/X
返回到 PNR 现行部分：	>RT:A

1. 根据订座记录编号提取 PNR

每个订座记录在封口后，计算机系统会随机产生一个记录编号，由 5 位数字或字母组成。

指令格式：

>RT:记录编号

例 1 已知某 PNR 记录编号为 N1PSZ。

>RT N1PSZ

系统显示

```
1.SHEN/JIE N1PSZ
2.CA1501 Y    TU29SEP    PEKSHA RR1    0840 1035
3.SHA/T SHA/T 021-62339770/SF XIAN XIA ROAD BOOKING OFFICE/WENG
4.62339987
5.T/999124455682-83
6.RMK CA/KWSEN
7.SHA391
```

2. 根据旅客姓名提取 PNR

根据旅客姓名提取 PNR 时，都应输入旅客姓名的英文字母。既可以输入旅客的全名，也可以只输入姓氏。若只输入姓氏，航班上以该姓氏字母开头的旅客记录全部显示。

指令格式：

>RT:姓名/航班/日期/航段

例 2 提取 8 月 24 日 CA1501 航班上姓名为陈鹏的旅客。

>RT:CHEN/CA1501/24AUG

系统显示

```
NAME LIST
CA1501/24AUG
001    1CHEN/WILLIAM                    P9NM0   C RR1   BJS160   20AUG99
002    1CHENPENG                        NENC2   C RR1   BJS160   23AUG
003    1CHENDERONG       MH4E5          Y HX2   BJS160 09AUG99
004    1CHENXINGYU                      MMYZ8 Y RR2   BJS160 16AUG99
END
```

3. 根据旅客名单提取 PNR

可以先用 ML 指令提取航班上由本部门建立的全部旅客记录，再根据序号提取 PNR。

指令格式

>ML:选择项/航班号/座位等级/日期/航段

>RT:序号

选择项可以是：

B 提取订妥座位的旅客(HK 或 RR)；

C 提取所有旅客记录；

X 提取取消的旅客；

G 提取团体旅客记录；

U 提取未证实的旅客(HL，US，UU，HN)。

例 3 由 ML 提取本部门所建立的旅客名单如下：

>ML:B/CA1501/6OCT

```
MULTI
CA1501 /06OCT   B
PEKSHA
001    1LIANGYU      PBJS3 Y RR1   BJS191 29SEP98      K      T
002    1LINTONG      NGC35 Y RR1   BJS191 30SEP98      K      T
TOTAL NUMBER     2
```

若提取第一个旅客记录，可以输入：

>RT1

```
1.梁育 PBJS3
2.CA1501 Y    TU06OCT   PEKSHA RR1    0840 1035
3.BJS/T PEK/T 010-65538922/CHINA AIR SERVICE COMPANY/DONG SHU HUA ABCDEFG
4.T
5.RMK CA/JCD4V
6.FN/FCNY900.00/SCNY900.00/C4.00/ACNY900.00
7.TN/999-6091714065/P1
8.FP/CASH，CNY
9.BJS191
```

若想继续提取第二个旅客记录，可以输入

>RT2

```
1.林彤 NGC35
2.CA1501 Y   TU06OCT   PEKSHA RR1    0840 1035
3.BJS/T PEK/T 010-65538922/CHINA AIR SERVICE COMPANY/DONG SHU HUA ABCDEFG
4.T
5.RMK CA/HY3MB
6.FN/FCNY900.00/SCNY900.00/C4.00/ACNY900.00
7.TN/999-6091714248/P1
8.FP/CASH，CNY
9.BJS191
```

4. 根据航空公司记录编号提取 PNR

中国民航订座系统包括 ICS 和 CRS。如果旅客在 ICS 直接订座生成 PNR，则在 CRS 中就没有相应记录，代理人如果想提取该记录，需要使用 RRT 指令。

RRT 指令分为两步：

(1) RRT:V 提取 PNR 显示在屏幕上；

(2) RRT:OK 使 PNR 在 CRS 系统生成，并生效。

指令格式：

>RRT:V/记录编号/航班/日期

>RRT:OK

例 4 现有一航空公司系统订座记录，编号为 JZS19，无 CRS 记录编号。

>RRT:V/JZS19/MU5110/10OCT

系统会将 ICS 的 PNR JZS19 显示在屏幕上：

```
1.GAO/FENG
2.MU5110 Y   SA10OCT   PEKNKG HK1    1205 1335
3.NC
4.TL/1200/07OCT/SHA001
5.SHA001
```

>RRT：OK

```
1.GAOFENG NDTRR
2.MU5110 Y   SA10OCT   PEKNKG HK1    1205 1335
3.NC
4.TL/1200/7OCT/BJS191
5.RMK CA/JZS19
6.RMK CLAIM PNR ACK RECEIVED
7.BJS191
```

>@

80

```
MU5110 Y     SA10OCT    PEKNKG HK1     1205 1335
NDTRR
```

5. 查看 PNR 完整内容

系统中，PNR 分为两部分：

(1) PNR 的现行部分，RT 看到的 PNR 内容；

(2) PNR 的历史部分，被修改过的 PNR 内容。

PNR 在建立的过程中，有时会经过多次修改，系统会将代理人对订座记录的任何修改记录在 PNR 中。

若要查看完整的 PNR 内容，可以使用 RTC 指令。

指令格式 1：

>RT:C/记录编号

指令格式 2：

>RT:记录编号

>RT:C

例 5 提取一个经过多次改动的 PNR 完整内容。

>RT M99JJ

```
1.黄飞虎 M99JJ
2.CA1301 C    FR14JAN    PEKCAN RR1    1450 1745
3.BJS/T BJS/T-010-65002266-8360/BJS HUI DA TICKET CHENCY/DU GANG
4.9069
5.T
6.RMK CA/KWTXV
7.FN/FCNY1760.00/SCNY1760.00/C3.00/ACNY1760.00
8.TN/999-6053660090/P1
9.FP/CASH，CNY
10.BJS324
```

>RT:C

```
010     PEK1E 9986 0317 14JAN

    1.黄飞虎(006) M99JJ

006  2.CA1301 C    FR14JAN    PEKCAN RR1    1450 1745
       NN(006)  DK(006)  HK(006)  RR(008)
001  3.BJS/T BJS/T-010-65002266-8360/BJS HUI DA TICKET CHENCY/DU GANG
001  4.9069
008  5.T
005  6.RMK CA/KWTXV
006  7.FN/FCNY1760.00/SCNY1760.00/C3.00/ACNY1760.00
010  8.TN/999-6053660090/P1
```

```
006 9.FP/CASH，CNY
001 10.BJS324
--------------------------------------------------------------------------------
001        BJS324 9644 1215 13JAN00
002        HDQCA 9983 1215 13JAN00 /RLC1          //HDQCA 为 ICS 系统标识
002/003 RMK CA/HZPM1
003        HDQCA 9983 0050 14JAN /2/SNC
001/004 CA1301 Y    FR14JAN   PEKCAN DL1     1450
            NN(001)   DK(001)   HK(001)   NO(003)   DL(004)
004        BJS324 9644 0231 14JAN
005        HDQCA 9983 0231 14JAN /RLC4
001/006 C 1HUANG/FEIHU
004/006   CA1301 Y    FR14JAN   PEKCAN XX1     1450
        NN(004)   DK(004)   HK(004)   XX(006)
006        BJS324 9644 0237 14JAN
007        HDQCA 9983 0237 14JAN /RLC6
001/008 TL/1200/14JAN/BJS324
008        BJS324 9644 0317 14JAN I
009        HDQCA 9983 0317 14JAN /RLC8
006/010 FC/PEK CA CAN 1760.00CB CNY1760.00END
010        PEK1E 9986 0317 14JAN
```

6. 提取 PNR 的历史部分 RT:Ux

RT:Ux 中 x 为数字，表示第几次封口，可以直接将指定第几次封口后的 PNR 内容显示出来。

指令格式：

>RT:Ux   x 表示第几次封口

例 6   以订座记录 M99JJ 为例，查看其历史部分。

>RT M99JJ

```
1.黄飞虎 M99JJ
2.CA1301 C    FR14JAN   PEKCAN RR1    1450 1745
3.BJS/T BJS/T-010-65002266-8360/BJS HUI DA TICKET CHENCY/DU GANG
4.9069
5.T
6.RMK CA/KWTXV
7.FN/FCNY1760.00/SCNY1760.00/C3.00/ACNY1760.00
8.TN/999-6053660090/P1
9.FP/CASH，CNY
10.BJS324
```

82

>RT:U1

001	BJS324 9644 1215 13JAN00
002	HDQCA 9983 1215 13JAN00 /RLC1
002/003	RMK CA/HZPM1
003	HDQCA 9983 0050 14JAN /2/SNC
001/004	CA1301 Y FR14JAN PEKCAN DL1 1450
	NN(001) DK(001) HK(001) NO(003) DL(004)
004	BJS324 9644 0231 14JAN
005	HDQCA 9983 0231 14JAN /RLC4
001/006	C 1HUANG/FEIHU
004/006	CA1301 Y FR14JAN PEKCAN XX1 1450
	NN(004) DK(004) HK(004) XX(006)
006	BJS324 9644 0237 14JAN
007	HDQCA 9983 0237 14JAN /RLC6
001/008	TL/1200/14JAN/BJS324
008	BJS324 9644 0317 14JAN I
009	HDQCA 9983 0317 14JAN /RLC8
006/010	FC/PEK CA CAN 1760.00CB CNY1760.00END
010	PEK1E 9986 0317 14JAN

若只想查看第 4 步之后的修改，可以输入：

>RT:U4

001/004	CA1301 Y FR14JAN PEKCAN DL1 1450
	NN(001) DK(001) HK(001) NO(003) DL(004)
004	BJS324 9644 0231 14JAN
005	HDQCA 9983 0231 14JAN /RLC4
001/006	C 1HUANG/FEIHU
004/006	CA1301 Y FR14JAN PEKCAN XX1 1450
	NN(004) DK(004) HK(004) XX(006)
006	BJS324 9644 0237 14JAN
007	HDQCA 9983 0237 14JAN /RLC6
001/008	TL/1200/14JAN/BJS324
008	BJS324 9644 0317 14JAN I
009	HDQCA 9983 0317 14JAN /RLC8
006/010	FC/PEK CA CAN 1760.00CB CNY1760.00END
010	PEK1E 9986 0317 14JAN

7. 返回到 PNR 的现行部分 RT A

代理人在做"RT C"或"RT:Ux"时，有时需要返回到 PNR 的现行部分，可以使用 RT:A 指令。例如上例中，若需要返回到 PNR 的现行部分，首先返回到 PNR 的开始位置，之后：

>RT A

```
1.黄飞虎 M99JJ
2.CA1301 C    FR14JAN    PEKCAN RR1     1450 1745
3.BJS/T BJS/T-010-65002266-8360/BJS HUI DA TICKET CHENCY/DU GANG
4.9069
5.T
6.RMK CA/KWTXV
7.FN/FCNY1760.00/SCNY1760.00/C3.00/ACNY1760.00
8.TN/999-6053660090/P1
9.FP/CASH，CNY
10.BJS324
```

6.6 PNR 的修改及取消

对 PNR 的修改，不同的组项有不同的方式，除姓名组外的其他项，可以用"XE:序号"先取消，然后再增加新的内容；姓名组要使用前面介绍的姓名组修改方法。

若要取消完整的 PNR，则提取 PNR 后，做"XEPNR@"，可以将整个 PNR 取消。一旦取消，订座记录不能再恢复。

以 PNR MWDBQ 为例，对其中的一些项作修改。

>RT MWDBQ

```
1.ZHANG/KE MWDBQ
2.SZ4516 Y     MO01FEB    SHACTU HK1     1040 1320
3.BJS/T PEK/T 010-65538922/CHINA AIR SERVICE COMPANY/DONG SHU HUA
4.64357823
5.TL/1200/25JAN/BJS191
6.RMK CA/JNDVY
7.BJS191
```

例 1 旅客想要将行程改为 2 月 2 日的 SZ4516 航班的 Y 舱。

>XE2

PNR 中的原航段已被取消，系统显示：

```
1.ZHANG/KE MWDBQ
2.BJS/T PEK/T 010-65538922/CHINA AIR SERVICE COMPANY/DONG SHU HUA
3.64357823
4.TL/1200/25JAN/BJS191
5.RMK CA/JNDVY
6.BJS191
```

再用 SS 指令订一个 2 月 2 日的新航段

>SS:SZ4516/Y/2FEB/SHACTU/NN1

```
>@
```

```
SZ4516   Y TU02FEB   SHACTU DK1     1040 1320
MWDBQ
```

例2 将旅客姓名改为"张可",出票。

该 PNR 要做以下改动:

(1) 修改姓名;

(2) 修改行动代码;

(3) 取消出票时限;

(4) 增加 FC、FN、FP 等项。

```
>RT MWDBQ
```

```
1.ZHANG/KE MWDBQ
2.SZ4516 Y    TU02FEB    SHACTU HK1     1040 1320
3.BJS/T PEK/T 010-65538922/CHINA AIR SERVICE COMPANY/DONG SHU HUA
4.64357823
5.TL/1200/25JAN/BJS191
6.RMK CA/JNDVY
7.BJS191
```

```
>1/1 张可
 2RR
 XE5
 FC:SHA SZ CTU 1290.00YB CNY1290.00END
 FN:FCNY1290.00/SCNY1290.00/C3.00
 FP:CASH,CNY
>DZ:1
```

```
CNY1290.00    MWDBQ
```

例3 旅客取消旅行,取消 PNR。

```
>RT:NW972
```

```
1.魏丽  NW972
2.CA1301 Y    MO17JAN    PEKCAN RR1     1450 1745
3.BJS/T PEK/T-010-64679078/HAI XIA TRAVEL AGENCY TICKET OFFICE/FENG ZHU
4.SHUO KE FA
5.T
6.RMK CA/K5JX2
7.FN/FCNY1360.00/SCNY1360.00/C3.00/ACNY1360.00
8.TN/999-6051923394/P1
9.FP/CASH,CNY
10.BJS105
```

```
>XEPNR@
```

PNR CANCELLED NW972

取消后的 PNR 显示如下：

```
>RT NE972
```

THIS PNR WAS ENTIRELY CANCELLED

005   HDQCA 9983 0212 17JAN /RLC4

   X1.魏丽(001) NW972

001 X2.CA1301 Y   MO17JAN   PEKCAN XX1   1450 1745

      RR(001)   DR(001)   RR(001)   XX(004)

001 X3.BJS/TPEK/T-010-64679078/HAI XIA TRAVEL AGENCY TICKET OFFICE/ FENG

   ZHU ZHI ABCDEFG

001 X4.SHUO KE FA

001 X5.T

002 X6.RMK CA/K5JX2

001 X7.FN/FCNY1360.00/SCNY1360.00/C3.00/ACNY1360.00

003 X8.TN/999-6051923394/P1

001 X9.FP/CASH，CNY

001 10.BJS105

----

001   BJS105 11324 0742 13JAN00 I

002   HDQCA 9983 0742 13JAN00 /RLC1

001/003   FC/PEK CA CAN 1360.00YB CNY1360.00END

003   PEK1E 9986 0743 13JAN00

004   BJS105 11324 0212 17JAN

005   HDQCA 9983 0212 17JAN /RLC4

6.7 PNR 的调整指令

PNR 的调整指令分为三类：

  (1) 调整航段顺序   CS；

  (2) 将建立的航段并入 PNR 中   ES；

  (3) PNR 的分离   SP。

6.7.1 调整航段顺序(CS:)

当代理人建立一个含有多个航段的旅客订座记录时，系统会根据航班的日期、起飞时间、城市对等自动整理航段顺序，但某些情况下，如 PNR 中有 OPEN 航段时，则需要人工使用 CS 指令进行航段排序。

指令格式：

  >CS:PNR 中航段调整前序号/PNR 中航段调整后序号

例　旅客购买北京—广州—北京机票，其中去程为 OPEN 航段，回程为 CA1322/10SEP。

代理人先为其建立了广州—北京航段，然后建立北京—广州 OPEN 航段，如下：

1.CA1322 Y	SU10SEP	CANPEK DK1	1305 1610	763 S 0			
2.YYOPEN Y		PEKCAN					
3.PEK099							

这时发现两个航段顺序不正确，北京—广州航段应在前，因此需要调整航段顺序。

>CS:2/1

输出为：

1.YYOPEN Y		PEKCAN			
2.CA1322 Y	SU10SEP	CANPEK DK1	1305 1610	763 S 0	
3.PEK099					

这时，航段顺序才正确，可以继续输入其他内容了。

6.7.2　将新建航段并入 PNR 中(ES:)

当旅客已有一个 PNR，需要通过指令 ES 把新建的航段并入这个 PNR 中。

指令格式：

>ES:

例　为旅客订取一新航段，并将其合并入已存在的 PNR M4MMN。

代理人用 SS 订取了一航段，

>SS:CA1321/Y/10OCT/PEKCAN/NN1

输入后显示：

1.CA1321 Y	SA10OCT	PEKCAN DK1	0900 1200	340 S 0	
2.PEK099					

>RT M4MMN

1.XIE/FENG M4MMN				
2.CZ3101 K	TU01DEC	CANPEK HK1	0820 1050	
3.C2526				
4.TL/1200/5OCT/PEK099				
5.RMK CA/JV3LM				
6.PEK099				

>ES:

输出显示：

1.XIE/FENG M4MMN				
2.CA1321 Y	SA10OCT	PEKCAN DK1	0900 1200	340 S 0
3.CZ3101 K	TU01DEC	CANPEK HK1	0820 1050	
4.C2526				

5.TL/1200/5OCT/PEK099

6.RMK CA/JV3LM

7.PEK099

6.7.3 PNR 的分离(SP:)

SP 指令用于将 PNR 中的一名或几名旅客分离出来。有时 PNR 中的部分旅客要更改航程，这时就要用到 SP 指令将这部分旅客分离出来，生成一个新的 PNR 进行修改，而将其他旅客保留在原 PNR 中。

用 SP 指令分离 PNR 有几种格式，这里主要是非团体 PNR 的分离。

指令格式：

>SP:旅客序号/旅客序号

例 有 3 人的 PNR 如下：

>RT MS5RV

1.HAO/HAIDONG 2.LI/BING 3.XIE/FENG MS5RV

4.MU5118 Y   TU20OCT   PEKTNA HK3   1050 1130

5.BJS/T PEK/T 010-65538922/CHINA AIR SERVICE COMPANY/DONG SHU

6.NC

7.TL/1200/15OCT/BJS191

8.RMK CA/H85NJ

9.BJS191

现在需要将 HAO/HAIDONG 和 XIE/FENG 分离出来，输入指令：

>SP:1/3

系统显示：

1.HAO/HAIDONG 2.XIE/FENG

3.MU5118 Y   TU20OCT   PEKTNA HK2   1050 1130

4.BJS/T PEK/T 010-65538922/CHINA AIR SERVICE COMPANY/DONG SHU

5.NC

6.TL/1200/15OCT/BJS191

7.RMK CA/H85NJ

8.BJS191

确认正确后输入封口指令。

>@

MU5118   Y TU20OCT   PEKTNA HK2   1050 1130

MS6XS SPLIT FROM MS5RV

说明新 PNR MS6XS 从 PNR MS5RV 中分离出来。提出新 PNR，包含 HAO/HAIDONG 和 XIE/FENG 两人。

>RT MS6XS

1.HAO/HAIDONG 2.XIE/FENG MS6XS

```
3.MU5118 Y    TU20OCT   PEKTNA HK2    1050 1130
4.BJS/T PEK/T 010-65538922/CHINA AIR SERVICE COMPANY/DONG SHU
5.NC
6.TL/1200/15OCT/BJS191
7.RMK CA/H874K
8.BJS191
```

```
      >RT MS5RV
1.LI/BING MS5RV
2.MU5118 Y    TU20OCT   PEKTNA HK1    1050 1130
3.BJS/T PEK/T 010-65538922/CHINA AIR SERVICE COMPANY/DONG SHU
4.NC
5.TL/1200/15OCT/BJS191
6.RMK CA/H85NJ
7.BJS191
```

需要说明的是，在 CRS 中，PNR 只能分离一次。有的航空公司要求 PNR 不能做分离，涉及该公司航段的记录就无法进行分离。若仍有旅客需要更改行程，只能为其重新建立记录。

思 考 题

1. 旅客张逸带着 9 周岁的儿子张小逸，姜宏带着 1 周岁女儿姜册（2008 年 7 月出生）同行旅游。行程安排是 12 月 10 日北京至上海 Y 舱，12 月 19 日宁波至北京 F 舱。
   12 月 10 日有航班
   CA1501   PEKSHA 0840   1035   777   0   M   DS#   CA YA   BA   KS   MA
   12 月 19 日有航班
   H4197   NGBPEK   1655   1850   738   0   M   DS#   F2 YA   U5   ZS
   根据给出的航班信息，按照旅客的要求创建 PNR 并封口。

2. 12 月 7 日，旅客张逸到代理人处要求出票，若代理人为 BSP 自动出票，PNR 要做哪些项的修改？

3. 一般可通过几种方式进行旅客 PNR 的提取？

4. 如何提取 PNR 的历史部分？

5. 如何取消一个 PNR？

6. PNR 如何还原？

7. 票价计算组用 PNR 建立的时候用(   )指令？
   A. FC   B. FN   C. FP   D. FD

8. 出票后（   ）不进入历史部分？
   A. FC   B. EI   C. TC   D. SD

第7章 电子客票

　　国内航空客运票证是指承运人或其授权代理人销售或认可并赋予运输权利的有效文件，包括纸质客票和电子客票。纸质客票是指由承运人或其授权代理人所填开的被称为"客票及行李票"的凭证，包括运输合同条件、声明、通知以及乘机联和旅客联等内容。电子客票是普通纸质客票的电子替代品。

　　我国《民用航空法》第一百十一条规定：客票是航空旅客运输合同订立和运输合同条件的初步证据。旅客未能出示客票、客票不符合规定或者客票遗失，不影响运输合同的存在或者有效。

　　电子客票将航班信息、乘机人信息通过联网存储在民航的计算机订座系统中。目前，电子客票作为世界上最先进的客票形式，依托现代信息技术，实现无纸化、电子化的订票、结账和办理乘机手续等全过程，给旅客带来诸多便利。旅客购买电子客票并付款后，可直接凭有效证件在机场办理登机手续，如需报销，由售票单位打印出《航空运输电子客票行程单》，作为旅客的报销凭证。

7.1 概　述

7.1.1 发展历程

　　1993 年，世界上第一张电子客票在美国 Valuet 航空公司诞生，因为顺应了信息化社会的市场需求，很快成为国际航空运输业的潮流，电子客票由此成为重要的出票方式。目前，全世界有近五十家航空公司使用电子客票，尤以美国为主导，电子客票的销售比例已经达到 80%甚至接近 100%。2000 年 3 月，在我国三大航空集团中，南方航空公司率先推出电子客票(俗称本票电子客票)。2003 年的 7 月和 9 月，中国国际航空公司和东方航空公司相继推出自己的电子客票，但并未加入 BSP 电子客票系统。

　　电子客票是建立在中航信订座、离港、结算系统上的综合性项目，它不仅能够完全实现传统纸票的所有功能，而且在订票、离港、结算等方面有了更全面、安全、快捷便利的发展，独创了出票、值机、结算的电子化流程，即代理人每一次打票的同时在主机的系统里生成一个相应的电子数据记录。这种电子信息能够在订票、离港、结算之间安全、快速、准确地传递，且便于检索和查询。因此，从整体上提高了航空公司的管理水平。

　　直到 2004 年 9 月 1 日，海南航空公司开始使用中国第一张 BSP 电子客票(俗称中性电子客票)。9 月底，东航推出首张 BtoC 电子客票(个人电子客票)。2005 年 1 月，国航、东航正式加入 BSP 电子客票系统。2006 年 6 月，电子客票行程单作为全国统一报销凭证，正式启用。根据国际航协的规定，从 2006 年 10 月 16 日起，中国航协停止向国内各大机票代理人发放 BSP 纸质客票。2008 年 6 月 1 日 00:00，中航信系统取消代理人 BSP 纸票出票功能，系统 DZ 功能(自动出票指令)彻底关闭，即所有国际航协认可的代理人不允许再销售 BSP 纸质客票。违规销售的纸质客票如造成旅客不能登机或给航空公司带来损失均由出票代理人承担全部责任。

和纸质机票相比，电子客票给航空公司带来了如下益处：

(1) 通过互联网，拓展航空公司销售渠道，吸引更多的旅客；

(2) 与在线支付的良好结合，使航空公司加快资金结算速度；

(3) 实现航空公司客票管理、客票结算电子化，与世界先进航空公司保持产品一致性，为将来进一步合作打下基础。

电子客票是航空公司向海外市场拓展的重要手段，是航空公司加入航空联盟时的必要商务条件。

7.1.2 主要特点

电子客票是普通纸质机票的一种"电子替代产品"。实际是将票面信息以电子化的形式存储在系统中。电子客票并不是"无票"，而是在系统中生成电子客票票联。电子客票的主要特点如下：

(1) 票面信息存储在订座系统中，但也可以像纸票一样，执行出票、作废、退票、换开等操作；

(2) 代理人可以随时提取电子客票，查看客票的信息，包括姓名、航段、票价、签注等；

(3) 旅客不需要携带纸制的凭证，只要出示有效的身份证件就可以办理乘机手续；

(4) 电子客票采用全部电子化的结算流程，不需要纸质的票联就能结算；

(5) 使用电子客票的旅客信息在订座系统、离港系统和结算系统均可以通过指令提取；

(6) 因电子客票信息均储存在计算机中，所以不存在遗失客票的情况。

但在销售过程中代理人也要注意，电子客票信息中必须注明客票中每一票联(航段)的状态，此状态均以规定的代码体现，它是代理人处理电子客票的依据。只有当系统中电子客票的状态显示为 "OPEN for USE" 时，代理人才可以为旅客办理变更、换开、退票、乘机等手续。作了退票或作废客票后，相应航空公司电子客票数据库里的电子数据中的票联状态代码就发生变化。代理人在电子客票的舱位变更、承运人变更等特殊情况(即非自愿退票)下的退票时，要根据航空公司的要求，将 BSP 电子客票换开成航空公司本票进行票务处理。

7.1.3 航空公司 ET 与 BSP ET

开账与结算计划(Billing and Settlement Plan，BSP)，它是国际航空运输协会于 1978 年提出的用于规范民用航空公司和代理人之间航空客票销售程序的结算系统，国内 BSP 工作流程如图 7.1 所示。BSP 最基本的特性就是它在各航空公司间的中立地位，BSP 为代理人和航空公司进行清算，系统自动制作销售报告。BSP 中性票就是由国际航协认可的代理人出售的统一规格的票证，并通过国际航协指定的数据处理中心和清算银行进行结算和付款，从而避免了以往航空公司和代理人之间多种票证、多头结算、多次付款的复杂状况，为航空公司和代理人节约了大量开支，提高了工作效率和服务质量，也杜绝了欺诈等违规行为。据悉，迄今世界上已有280多家航空公司和4万余家代理人参与BSP的运作。

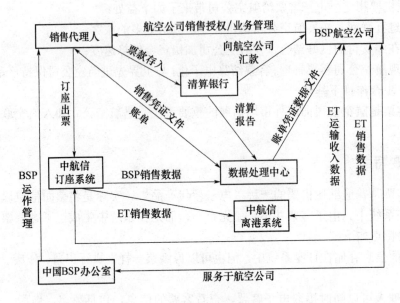

图 7.1　国内 BSP 工作流程

　　在国内，电子客票分为国际航协 BSP 电子客票(BSP ET)和航空公司直属售票处使用的本票电子客票(本票 ET)两种形式，两者都基于同一个 ET 数据库，业务处理流程基本相同，只是在销售渠道、支付方式和结算方式上不同。

　　两种 ET 的数据同步，并在订座系统(包括 ICS 和 CRS/GDS)、结算系统、离港系统三个系统间进行数据传输。ET 数据的流程，对于航空公司 ET 来说，基本是从 ICS 到 ET 数据库，而 BSP ET 是从 CRS/GDS 到 ET 数据库。数据传递的格式基本相同。从 ET 数据库到结算系统、离港系统的系统的数据传递则是基本相同的，而且，一般来说这部分系统间的数据传递工作，可以忽略两种 ET 的差别，采用相同的操作流程。

　　航空公司 ET 和 BSP ET 的区别主要继承航空公司纸票和 BSP 纸票的不同。

　　(1) 票号管理不同。电子客票票号的格式与普通纸质客票相同，由 13 位阿拉伯数字组成。由国际航协负责统一管理。销售电子客票时，系统自动生成电子客票号码。BSP 数据处理中心(简称 DPC)在结算系统中进行自动销号处理。

　　航空公司 ET 的客票号码，是航空公司分配的，由航空公司实时分配给代理人。代理人为旅客出票时，航空公司在确认成功完成了收付，也就是确认收到了票款，系统为此次出票分配一个票号，并将此 ET 的信息储存起来。BSP 则略有不同，ET 票号由 BSP 办公室代表所有航空公司分配给代理人，这个数量是根据代理人担保金额来确定的。票号预先存在代理人的票池里，代理人出票时使用自己预先得到票号，完成出票后将 ET 的信息发送到航空公司的 ET 数据库。以哪家航空公司的名义出票，就把 ET 数据传输给哪家航空公司。

（2）结算程序不同。BSP ET 的结算是与 BSP 纸票相同的，与航空公司 ET 的即时结算不同。航空公司 ET 只有在支付成功的情况下 ET 才生效，完成出票。而 BSP ET 是按 BSP 的结算周期结算，一般就是每星期结算一次。一般来说，航空公司 ET 是基于电子支付的，而 BSP ET 可以不依赖电子支付。例如，旅客在 BSP 代理人处购买 BSP ET，使用原有的任何支付手段，BSP 代理人只要和航空公司按周结算就可以了。关键的差别在于即时结算与延后结算。同时，BSP ET 与纸票一样，结算中有第三方存在，由其在所有 BSP 代理人和所有加入 BSP 的航空公司之间进行销售款的清算业务。

（3）销售系统的连接要求不同。一般来说，无论航空公司 ET 是面对旅客还是代理人，都是航空公司 ET 数据库的对外连接，比如航空公司门户网站上的订票连接。在 BSP ET 的情况下，是 CRS/GDS 与航空公司的 ET 数据库连接。

以国内三大航空公司为例，国航和东航、南航最大的不同，在于国航的 ET 数据库是由中航信提供的全面解决方案。而东航、南航是自己建立的。显然，初期国航的投入要小得多。

事实上，CA、CZ、MU 这样的航空公司，即使今天不和中航信的 BSP ET 对接，也需要今后和其他的 GDS 对接。例如，当国航计划开通美国航线的 ET 时，航空公司的离港系统成为控制瓶颈，国航所使用中航信的离港系统尚未在美国全面采用。在 CA 将自己所使用的离港系统铺到美国三个航班运营点后，几个月过去了，ET 销售几乎没有。因为 CA 在美国的销售绝大多数是通过 ARC 代理人完成的，ARC 代理人使用的都是 SABRE、WORLD SPAN 这些 GDS。CA 的 ET 数据库没有和 GDS 连接，那么，就必须通过自己的营业部使用的 ICS 来销售 ET 或者使用网站，但当时 CA 的英文门户网站建设还没有跟进。类似地，如果国内航空公司想要在澳大利亚销售 ET，除了解决离港系统，也必须看看当地 BSP 代理人用的是什么 GDS，然后进行数据库的连接。

国内最早采用 BSP ET 的是海南航空。中航信作为中国 BSP 唯一的出票系统供应商，所有的 BSP 代理人都通过 CRS 来出票。这使得中国 BSP ET 的开发、推广不可避免地完全依赖中航信。而中航信一直在积极推动 BSP ET 的发展，甚至承担了一些本应该由航空公司承担的费用。

7.1.4 跨航空公司电子客票

航空公司电子客票 ICS ET 是在该航空公司自己的销售点或网站上销售的客票，随着航空市场的不断发展，各个航空公司之间不仅加强了竞争，合作也变得越发重要，ICS ET 较大地限制了电子客票的推广。代理人分销系统电子客票 CRS ET 和跨航空公司电子客票(Interline Electronic Tcketing，IET)则能够较好地解决这个问题。因此，航空公司和 GDS 发展电子客票一般采用分步实施的模式:从 ICS ET 到 CRS ET 再到 IET。

不同承运人的联程运输，销售的电子数据同时进入出票航空公司、相关的承运人和(BSP 数据处理中心)。不同承运人联程运输的结果，纸质客票以乘机联作为结算的依据。电子客票以电子数据的同步转换，即一个公司的数据能否被另一个公司所承认，承认即形成联运航空公司间的结算而成为运输收入数据。

IET 的系统结构如图 7.2 所示:

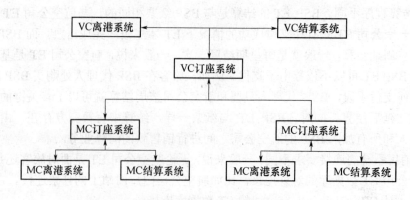

图 7.2 IET 的系统结构图

IET 的通信及处理都通过各航空公司的订座和离港系统来实现,降低了系统复杂性和开发难度,减少了开发时间。图 7.2 中 VC(Validating Carrier)是出票的航空公司,MC(Marketing Carrier)是执行航段飞行任务的航空公司。VC 和 MC 是根据订票情况变化的。任何一家 IET 伙伴都可能是 VC,也可能是 MC,但对某一张票来讲,VC 只有一个,MC 可有多个。

IET 技术的特点主要有:

(1) 一张电子客票可订购多个航空公司的航段。根据相互的协议,所有 IET 伙伴公司都可获取 ET 数据,更改 ET 航段状态,包括:显示 ET;获取 Airport Control ;更改航段状态到 Check-IN、登机、起飞;打印、重订 ET,退票,使航段无效等。

(2) 通信协议根据需要使用 EDI FACT(Electronic Data Interchange for Administration Commerce and Transport)和 TTY(Teletpye)。出票发给 MC 票号时使用 TTY,以确保 MC 可收到,保证旅客订票有效。其他时候使用 EDI FACT 以保证数据交换的实时性。

(3) 票务管理与财务管理一体化运作,完成的航段可在航空公司间及时结算。

(4) 充分利用现有 USAS(Unisys Standard Airlines System),全新的程序只有 6 个,分别用于解析/生成报文(包括请求和回复报文)、处理 LS 表(存储有 IET 协议的航空公司信息)。

(5) 系统具有良好的可扩展性,可很方便地增加 IET 伙伴(仅需修改 LS 表即可)。

IET 的作用主要体现在服务和成本两个方面:扩大了一站式服务的范围,使对旅客的服务在多个航空公司间可以实现无缝衔接;多个航空公司可以共享彼此的分销系统,以较低的成本加强了自身的分销能力。更方便快捷的结算方式和电子化处理,可减少人工处理及资金占用,降低了出错的可能性和管理及财务费用,减少营运费用。

IET 的处理流程主要包括:

(1) 订票处理流程,包括 IET 出票规则检查,建立 ET 记录,建立结算记录,在 PNR 中增加 TKNE,发送相关数据到离港系统、MC 和结算系统。

(2) 显示 ET,主要包括:获取 Airport Control 即在 IET 中,获得航段的 Airport Control 指获得该航段的控制权,任何对该航段的操作均需通过该公司更改航段状态处理流程,包括 MC 和 VC 的处理。

(3) 重订、打印、退票、使航段无效流程,包括检验该指令是否是本地指令,执行该指令的航空公司是 VC 还是 MC，航班状态是否合法，VC 与 MC 之间信息传递，更新 ET 数据库，发送信息给结算中心等。

7.1.5 电子客票行程单

《航空运输电子客票行程单》(以下简称《行程单》)由国家税务总局监制并按照《中华人民共和国发票管理办法》纳入税务机关发票管理，是旅客购买国内航空运输电子客票的付款及报销的凭证，如图 7.3 所示。《行程单》包含旅客姓名、航程、航班、旅行日期、起飞及到达时间、票号等内容，旅客可以通过行程单了解或要求变更旅行的信息。

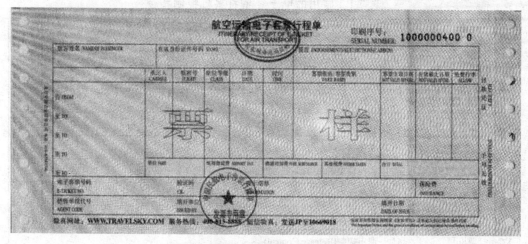

图 7.3 新版航空运输电子客票行程单

《行程单》为一人一单，遗失不补。

《行程单》不能任意涂改，旅客应核对《行程单》上的姓名、证件号码等所列项目。

《行程单》不作为登机凭证，但在旅客发生改期、签转与退票的需要时，旅客须出示《行程单》原件办理；退票时旅客必须凭《行程单》原件向原售票部门提出申请。

旅客购买定期客票后未领取《行程单》，一旦又有需要，可以在客票全部航段使用后 7 天以内，向原出票单位申请领取。

旅客购买不定期客票后未领取《行程单》，客票又未使用的，《行程单》在一年有效期内都可以打印一次。

《行程单》打印系统由中国民用航空局授权中国民航信息网络股份有限公司开发，公共航空运输企业也可自行开发本公司《行程单》打印系统，经中国民用航空局审验合格后使用。开发单位负责系统运行维护与技术支持，提供查验《行程单》真伪的网站、热线电话或短信等服务。

《行程单》的发放由中国民用航空局清算中心通过信息管理系统统一管理。

为提高《行程单》的防伪性能，便于广大旅客识别真伪，有效遏止伪造《行程单》的违法行为，《行程单》使用防伪纸印制。防伪纸采用"SW"和"MH"组合字样的水印图案。新版《行程单》自 2008 年 7 月 1 日起启用，旧版《行程单》使用至 2008 年 8 月 31 日。2008 年 7 月 1 日至 8 月 31 日，各公共航空运输企业和航空运输销售代理企业开具的《行程单》，可并行使用新、旧两种版本；2008 年 9 月 1 日起，一律开具新版《行程单》。自助售票值机设备采用热敏纸打印的《行程单》维持原纸张不变。

7.2 电子客票打票机的控制

电子客票采用虚拟打票机。在进行电子客票打印前必须通过一台终端建立打票机控制,一台打票机只能有一台控制终端,同时必须打开打票机输入。本部门的任何一台终端都可以在该部门定义的打票机上打票。常用的电子客票打票机控制指令见表 7.1 所列。

表 7.1　常用的电子客票打票机控制指令

指 令 格 式	指 令 说 明
DI：打票机号	显示打票机状态(Device Information Display)
EC：打票机号	建立控制(Establish Control)
TI：打票机号	打开输入(Strart Ticketing Input)
TO：打票机号	打开输出(Strart Ticketing Output)
XI：打票机号	关闭输入(Stop Ticketing Input)
XO：打票机号	关闭输出(Stop Ticketing Output)
TE：打票机号	改变打票机状态(Ticketing Mode/Status)
DQ：打票机号	清除积票(Dump Device Queue)
XC：打票机号	退出控制(Release Control)

7.2.1 显示待配置打票机的状态(DI:)

本部门任何终端都可以使用 DI 指令查看打票机信息。

如果是第一次使用打票机,DI 时控制终端 PID、代理人工作号及票号都是空白。

例

>DI:4   //显示当前 4 号打票机状态

```
              DEVICE INFORMATION DISPLAY    - DEVICE 4
         DEVICE STATUS              DEVICE DEFINITION

         ------------               ------------------

      CONTROL PID: 34348            OFFICE: HAK999
      CONTROL AGENT: 29817          PID: 63002
           STATUS: UP               ATTRIBUTE: ATB/ET
         INPUT: INACTIVE            MODE: DEMAND
        OUTPUT: INACTIVE            TYPE: 4
            NACK:                   CURRENCY: CNY2
         TICKETS: 0
      BOARDING PASS: 0
         AMS PID:
```

LAST TKT #	AIRLINE	TICKET NUMBER RANGE
-----------	------------------	----------------------

各项含义分别为:

(1) DEVICE STATUS(打票机状态部分):

CONTROL PID　　　　控制终端 PID

CONTROL AGENT　　建立控制的工作号

STATUS　　　　　　工作状态,有三种:

◆ UP　　正常状态

◆ DOWN　非工作状态,需要清除打票机内积压的客票时,要先将状态变为 DOWN

◆ DOWN Q　由于没有在打票机屏(B 屏)做$$OPEN TIPC3,导致打票机状态不正常

INPUT　　　输入状态,是指打票机是否允许打印,有两种状态:

◆ ACTIVE　工作状态

◆ INACTIVE 非工作状态

OUTPUT　　输出状态,是指打票机是否允许输出

NACK　　　数据传输是否正常,空白为正常状态,"X"为不正常

TICKET　　等待打印的客票数,数字前若有一个"*",即表示打票机状态正常

BOARDING PASS　等待打印的登机牌数,未使用

(2) DEVICE DEFINITION(打票机定义部分):

OFFICE　　部门代号

PID　　打票机 PID

ATTRIBUTE　　打票机属性

◆ TAT(Transitional Automated Ticket)电脑自动化机票

◆ ATB(Automated Ticket and Boarding pass)电脑自动化机票含登机证

◆ ET (Electronic Ticket)电子机票

MODE　　打票机的工作方式,可以分为定时式、请求式和并存式

TYPE　　打票机类型,可以分为四种:

◆ 航空公司国际客票

◆ BSP 国际客票

◆ 航空公司国内客票

◆ BSP 国内客票

CURRENCY　打票机可以接收的货币代码,以及各种货币所要求保留的小数点位数。

(3) LAST TKT 表示打印的最后一张客票的票号,AIRLINE 表示票证归属,TICKET NUMBER RANGE 表示票号范围。

7.2.2　建立打票机控制(EC:)

一台打票机只有在某台终端建立了对其的控制之后才能使用,而建立控制的这台终端就称为控制终端。

一台打票机只能有一个控制终端,而一台控制终端最多可以控制 5 台打票机。当然,

打票机与控制终端在系统中必须定义在同一 **OFFICE** 中，并且打票机未被其他终端控制。

例

\>EC:4

ACCEPTED

\>DI:4

DEVICE INFORMATION DISPLAY	- DEVICE 4
DEVICE STATUS	DEVICE DEFINITION
-------------	-----------------
CONTROL PID: 34348	OFFICE: HAK999
CONTROL AGENT: 29817	PID: 63002
STATUS: UP	ATTRIBUTE: ATB/ET
INPUT: INACTIVE	MODE: DEMAND
OUTPUT: INACTIVE	TYPE: 4
NACK:	CURRENCY: CNY2
TICKETS: 0	
BOARDING PASS: 0	

7.2.3 打开打票机输入(TI:)

TI 指令打开指定的打票机输入之后，打票机就开始接受打票请求，控制终端就可以向打票机输送打票指令，并将需要打印的客票送入打印队列。

DI 之后，INPUT 项由 INACTIVE 变为 ACTIVE。也只有当 INPUT 项为 INACTIVE 时才可以接受该功能，否则被拒绝。

例

\>TI:4

ACCEPTED

\>DI:4

DEVICE INFORMATION DISPLAY - DEVICE 4	
DEVICE STATUS	DEVICE DEFINITION
-------------	-----------------
CONTROL PID: 34348	OFFICE: HAK999
CONTROL AGENT: 29817	PID: 63002
STATUS: UP	ATTRIBUTE: ATB/ET
INPUT: ACTIVE	MODE: DEMAND
OUTPUT: INACTIVE	TYPE: 4
NACK:	CURRENCY: CNY2
TICKETS: 0	
BOARDING PASS: 0	

7.2.4　打开打票机输出(TO:)

当 DI 显示中的 OUTPUT 项是 INACTIVE 时，才可接受 TO 指令，否则被拒绝。该指令允许指定的打票机将打印队列中的客票打印出来。

例

```
>TO:4
```

ACCEPTED

```
>DI:4
```

DEVICE INFORMATION DISPLAY	- DEVICE 4
DEVICE STATUS	DEVICE DEFINITION
------------	----------------
CONTROL PID: 34348	OFFICE: HAK999
CONTROL AGENT: 29817	PID: 63002
STATUS: UP	ATTRIBUTE: ATB/ET
INPUT: ACTIVE	MODE: DEMAND
OUTPUT: ACTIVE	TYPE: 4
NACK:	CURRENCY: CNY2
TICKETS: 0	
BOARDING PASS: 0	

7.2.5　关闭打票机输入(XI:)

XI 指令可以终止终端向打票机发送打印客票的命令，DI 显示中 INPUT 项由 ACTIVE 变为 INACTIVE。也只有 INPUT 项为 ACTIVE 时，才可以接受此指令，否则被拒绝。

打票机出现故障时，应暂时终止输入，待打票机恢复正常时，再将输入打开。

例

```
>XI:4
```

ACCEPTED

```
>DI:4
```

DEVICE INFORMATION DISPLAY	- DEVICE 4
DEVICE STATUS	DEVICE DEFINITION
------------	----------------
CONTROL PID: 34348	OFFICE: HAK999
CONTROL AGENT: 29817	PID: 63002
STATUS: UP	ATTRIBUTE: ATB/ET
INPUT: INACTIVE	MODE: DEMAND
OUTPUT: ACTIVE	TYPE: 4

NACK:	CURRENCY: CNY2
TICKETS: 0	
BOARDING PASS: 0	

7.2.6　关闭打票机输出(XO:)

XO 可以终止指定打票机的输出，DI 中的 OUTPUT 项由 ACTIVE 变为 INACITVE。如果有票在输出队列中等待，则积压在打票机中。也只有当 DI 中的 OUTPUT 项是 ACTIVE 时，才可以接受此指令，否则被拒绝。

打票过程中发现问题，应及时终止输出，以免产生更多错误，待打票机恢复正常，再将输出打开。

例

>XO:4

ACCEPTED

>DI:4

DEVICE INFORMATION DISPLAY   - DEVICE 4

DEVICE STATUS	DEVICE DEFINITION
-------------	-----------------
CONTROL PID: 34348	OFFICE: HAK999
CONTROL AGENT: 29817	PID: 63002
STATUS: UP	ATTRIBUTE: ATB/ET
INPUT: INACTIVE	MODE: DEMAND
OUTPUT: INACTIVE	TYPE: 4
NACK:	CURRENCY: CNY2
TICKETS: 0	
BOARDING PASS: 0	

输入、输出好比打票机的两个开关。正常情况下，输入、输出的状态都应是 ACTIVE，才能保证客票的正常打印。建立控制后，应将输入、输出状态均设为 ACTIVE。

7.2.7　改变打票机状态(TE:)

只有在需要清除打票机内积压的客票时，才要用 TE 指令将打票机工作状态由 UP(工作状态)变为 DOWN(非工作状态)。

指令格式：

>TE:打票机号[/U][/X]

例

>TE:1/X　　　　　将第一台打票机工作状态变为 DOWN

>TE:1/U　　　　　将第一台打票机工作状态变为 UP

100

7.2.8 清除积票(DQ:)

当打票机发生故障而在一段时间内不能工作，并且积压了一些客票未打印，又不再需要打印这些客票时，可以使用 DQ 指令清空积压的客票。

在使用 DQ 指令之前，应先用 TE 指令将打票机的工作状态变为 DOWN，否则系统不接受 DQ 指令的输入。

例 第 4 台打票机出现 5 张积票。

```
          DEVICE INFORMATION DISPLAY    - DEVICE 4
          DEVICE STATUS                 DEVICE DEFINITION

          ------------                  ----------------

          CONTROL PID: 34348            OFFICE: HAK999
          CONTROL AGENT: 29817          PID: 63002
          STATUS: UP                    ATTRIBUTE: ATB/ET
          INPUT: ACTIVE                 MODE: DEMAND
          OUTPUT: ACTIVE                TYPE: 4
          NACK:                         CURRENCY: CNY2
          TICKETS: *5
          BOARDING PASS: 0
```

(1) TE:1/x；
(2) DQ:1；
(3) TE:1/U。

7.2.9 退出打票机控制(XC:)

退出控制后，DI 显示中的 CONTROL PID 和 CONTROL AGENT 变为空白项。退出前，应查看打票机的状态，确认打票机中没有等待输出的打印客票请求，即 DI 显示中 TICKETS 项为 "0"，NACK 项是空白不是 "X"，INPUT 项应为 INACTIVE，不是在测试状态下，然后才可以推出打票机的控制。

例
>XC:4

```
ACCEPTED
```
>DI:4

```
          DEVICE INFORMATION DISPLAY    - DEVICE 4
          DEVICE STATUS                 DEVICE DEFINITION

          ------------                  ----------------

          CONTROL PID:                  OFFICE: HAK999
          CONTROL AGENT:                PID: 63002
          STATUS: UP                    ATTRIBUTE: ATB/ET
```

INPUT: INACTIVE   MODE: DEMAND

OUTPUT: INACTIVE   TYPE: 4

NACK: CURRENCY: CNY2

TICKETS: 0

BOARDING PASS: 0

即退出控制的流程应为：

    (1) DI:4；

    (2) XI:4；

    (3) XO:4；

    (4) XC:4。

7.3 票 证 管 理

电子客票打票机票号的使用包括查询、上票和卸票等功能。在给电子客票打票机上票之前必须查看票控部门(如 BSP 中心)分配给本 OFFICE 的票号情况，然后才可以做上票和卸票等操作。

7.3.1 票证信息查询(TOL:)

TOL 指令是票证管理系统中的报表统计查询指令，代理人可以用它查看本部门的票号库存和使用情况。

指令格式：

    >TOL:[选项]/[AIRLINE CODE]

    (1) TOL 指令根据不同的[选项]而显示不同：

    A   显示所有的票证信息

    D   显示票证的卸票历史信息

不加选项时默认显示本部门中已经使用和当前正在使用的票。

    (2) AIRLINE CODE 可选，为航空公司或 BSP 两位代码，对于 BSP ET，使用 XB。

    例   查看本部门票证的库存情况和使用情况，以 HAK999 为例。

    >TOL:

输出：

```
*************************************************************

            TICKET   STORE/USE    REPORT                      *

* AGENT:88888                        AIRLINE:BSP              *

* OFFICE:HAK999                      IATA NO:08123456         *

* DATA:06OCT04                              TIME:15:05        *

-------------------------------------------------------------

   Form First    Last         Granted Granted By  Granted  Ticket Allo
```

Office Code TKT no.	TKT	Qua	By	OFF	Agent/Pid	Date	T/Tp/M Tp/ST

System	Ticket Range	Qua	Start/End Date	Office	Agent/Pid	Dev	Use

```
HKA999 221-7340050-7340099 50    BJS636    26943/19531 01SEP04 D/DC/E TK/IU
   CRS       7340050-7340055 6         01SEP04/01SEP04  HAK999    5448/60743   2    TK
   CRS       7340056-7340099 44        01SEP04/27SEP04  HAK999    5448/60743   2    TK
          221-7340100-7340149 50    BJS636    26944/18798 27SEP04 D/DC/E TK/IU
   CRS       7340100-7340149 50        28SEP04/30SEP04  HAK999    5448/60743   2    TK
          221-7340200-7340249 50    BJS636    999/1212       29SEP04 D/DC/E TK/IU
   CRS       7340200-7340249 50        30SEP04/02OCT04  HAK999    5448/60743   2    TK
HKA999 END
   **********************************************************************
TOTAL   TICKETS:      200    TOTAL   IN USE:    200    TOTAL   STORE:      0
```

(1) Ticket T/Tp/M 显示票证类型和出票方式。

T：票证类型一

    I-INTERNATIONAL(国际票)，1、2 类型的打票机使用；

    D-DOMESTIC(国内票)，3、4 类型的打票机使用。

TP：票证类型二

    DC——普通票证；

    RF——退票；

    MC——行李票；

M：出票方式

    A——自动票；

    M——手工票；

    E——电子客票。

(2) Allo Tp/ST 显示票证发放类型和票证发放状态。

Tp：票证发放类型

    ST——STORE，储存票号，不能在出票中直接使用，只有发放后才能来出票；

    TK——TICKING，可以用来出票的票号；

    WD——回收的票号范围；

ST：票证发放状态

    UU——UNUSED，还未使用的票号段；

    IU——IN USE，使用中的票号段；

    UO——OUT OF USAGE，使用完了的票号段；

    WD——发放下来以后，再由上级部门收回的票号段；

(3) TOTAL TICKETS 显示总的票证数。

    TOTAL TICKETS=TOTAL IN USE + TOTAL STORE

TOTAL IN USE：能够用于出票的票证总数；

TOTAL STORE：能够向下级发放的票证总数；

普通代理人不具备向下级发放票证的权限，该库存数为 0。

如果要查看本部门的所有票证信息，使用命令：

>TOL:A

7.3.2 打票机输入票号(TN:)

电子客票上票时必须遵循：先分配的票号范围优先使用，且序列号小的票号范围优先使用。所输入票号必须是可利用的票号段范围之内(用 TOL 指令查询)。一次上票的票号范围最多不得超过 500 张。

打票机输入票号以后，可以用 DI 指令查看打票机的上票结果。

如果分配的某票号段全部用完，系统定期会将用完的票号段放入历史记录中。用户再做 TOL 指令时将不会看见该票号段。

打票机上的客票用完后控制终端会收到"票证用完"的消息，即在票证用完之后会提示 DEVICE nn OOS，需要再次输入票号。

例

>TN:2X/2217341600-41699

ACCEPTED

其中：2 为打票机号，2217341600 是起始票号，41699 是结束票号(取票号后 5 位)。

>DI:2

```
              DEVICE INFORMATION DISPLAY      - DEVICE 2
              DEVICE STATUS                   DEVICE DEFINITION
              -------------                   ------------------
              CONTROL PID: 34348              OFFICE: HAK999
              CONTROL AGENT: 88888            PID: 63002
              STATUS: UP                      ATTRIBUTE: ATB/ET
              INPUT: ACTIVE                   MODE: DEMAND
              OUTPUT: INACTIVE                TYPE: 4
              NACK:                           CURRENCY: CNY2
              TICKETS: 0
              BOARDING PASS: 0
              AMS PID:


              LAST TKT #      AIRLINE    TICKET NUMBER RANGE
              ----------      -------    ---------------------
                NONE          BSP        2217341600 / 22141699
```

也可利用 TOL 指令查看本部门可利用和已经输入、使用的票号。

7.3.3 打票机卸票(TN:)

打票机卸票功能可以让代理人卸下未使用的票号。

例

```
>TN:2D
ACCEPTED
>DI:2

          DEVICE INFORMATION DISPLAY    - DEVICE 2
          DEVICE STATUS              DEVICE DEFINITION
          -------------              ------------------
          CONTROL PID: 34348         OFFICE: HAK999
          CONTROL AGENT: 88888       PID: 63002
          STATUS: UP                 ATTRIBUTE: ATB/ET
          INPUT: ACTIVE              MODE: DEMAND
          OUTPUT: INACTIVE           TYPE: 4
          NACK:                      CURRENCY: CNY2
          TICKETS: 0
          BOARDING PASS: 0
          AMS PID:
```

7.4 电子客票销售

由于 CRS 强化销售功能，而 ICS 注重航班管理、控制功能，同时航空公司可以在 CRS 中进行日常销售，还可以得到更多更丰富的国外航班信息，订座的准确性也比 ICS 中高得多，因此，建议航空公司销售处也在 CRS 中销售。

电子客票主要有以下几种销售模式：

(1) 代理人通过网上航空公司 B2B 系统进行电子客票销售；

(2) BSP 代理人通过订座系统进行电子客票销售；

(3) 航空公司售票处通过订座系统进行电子客票销售；

(4) 旅客在网上自行订座、支付、出票。

电子客票的销售流程与原纸票流程最大的区别是：纸票先出票，后付款；电子客票先付款，后出票。

电子客票的销售过程与销售普通机票基本相同，主要是订座和出票两个过程。

7.4.1 BSP 电子客票授权机制

BSP 电子客票对代理人授权采用两级授权机制，即对代理人 Office 授权和对代理人的工作号 Agent 授权。代理人只有获得以上两级授权才能够出 BSP 电子客票(使用 ETDZ 指令)。代理人在申请授权时应同时上报用于 BSP 电子客票的代理人工作号。

代理人查询 BSP 电子客票授权信息指令为 DDI。代理人使用 DDI 指令可以查询本部门是否得到某航空公司的 BSP 电子客票的授权。如果得到某航空公司的授权，在该航空公司的代码后会显示"#"。

例

>DDI:

```
**********TKT DEVICE INFORMATION DISPLAY*********
= OFFICE : BJS523              = IATA-NBR :   08015140      = TKT:ALLOW
=      AMS : DISABLE
= AUTHORIZED AIRLINE CODES :
OQ  # XF      S7     GS# UO   # G5   # 8L   # EU   # HU 1*# 3U 1 # MU   #
MF  # CA 3# CZ 1# BK# ZH 1 # FM   # SC 1 # KN 1# OM      FV     TG
8C  # HO  # PN   #
```

如果代理人已经获得某航空公司的 BSP ET 的授权(即已对 OFFICE 授权)，还不能够出 BSP 电子客票，那时代理人的工作号 Agent 还需要得到授权。系统会返回"THIS AGENT IS NOT AUTHORIZED FOR ETDZ"，提示此时需要和中航信联系获得 Agent 授权。

如果用户登陆 SI 的工作号 Agent 已经通过了电子客票出票授权，则可以正常出票。

7.4.2 电子客票订座

订座的过程与普通机票的订座过程相同，首先使用 AV: 指令查询电子客票航班。在 PNR 的航段行后有电子客票航班标识，表示该航班是电子客票航班。

例

>AV XIYHAK/18OCT

```
18OCT(MON) XIYHAK
1-  HU3068  XIYHAK 2100   2340    733 0^ E AS#  FC CC AC YA  BS HS  KS  LS MS  NS*
2   CZ3232  XIYHAK 2120   2350    757 0     DS#  CA DA IA JA   YA TQ  KQ HQ MQ GQ*
3   CZ3204  XIYCAN 1240   1455    320 0 S  AS#  AQ CA DA IA   JA YA  TQ  KQ HQ MQ*
    CZ3922  HAK     2240   2340    757 0     DS#  CA DA IA JA   YA TQ KQ  HQ MQ GQ*
4   CZ3204  XIYCAN 1240   1455    320 0 S  AS#  AQ CA DA IA   JA  YA TQ KQ HQ  MQ*
 +  CZ3926  HAK     1610   1710    757 0     DS#  CA DA IA JA   YA TQ KQ MQ GQ*
```

>SD1Y1

```
1.  HU3068 Y   MO18OCT    XIYHAK DK1    2100 2340         733    0  R E A
2. HAK/T HAK/T 0898-66701769/HAI NAN KAI SHENG INDUSTRY CO. LTD./ ABCDEFG
3.HAK128
```

>NM1 测试人
CT NC
FN FCNY1730.00/SCNY1730.00/C3.00/TCNY50.00CN
FC NA
FP CASH，CNY

```
1. 测试人
2.  HU3068 Y    MO18OCT   XIYHAK DK1    2100 2340          733    0   R E A
3.HAK/T HAK/T 0898-66701769/HAI NAN KAI SHENG INDUSTRY CO. LTD./ ABCDEFG
4.NC
5.FC/NA
6.FN/FCNY1730.00/SCNY1730.00/C3.00/XCNY50.00/TCNY50.00CN/ACNY1780.00
7.FP/CASH,CNY
8.HAK128
```

此外，在出电子客票之前，必须对 PNR 中每一个旅客输入正确的身份识别号(身份证号)，即 SSR FOID 项。如输入错误的身份识别号，旅客将在机场无法办理值机手续，代理人必须及时修正。

指令格式：

>SSR FOID 航空公司代码 HK/NI 身份证号/旅客编号

例

>SSR FOID HU HK /NI110101700101001/P1

```
1. 测试人
2.  HU3068 Y    MO18OCT   XIYHAK DK1    2100 2340          733    0   R E A
3.HAK/T HAK/T 0898-66701769/HAI NAN KAI SHENG INDUSTRY CO. LTD./ ABCDEFG
4.NC
5.FC/NA
6.SSR FOID HU HK1 NI110101700101001/P1
7.FN/FCNY1730.00/SCNY1730.00/C3.00/XCNY50.00/TCNY50.00CN/ACNY1780.00
8.FP/CASH,CNY
9.HAK128
```

7.4.3 电子客票出票(ETDZ:)

电子客票使用 ETDZ 指令出票。

在完成电子客票出票后，系统会在 PNR 中加入电子客票票号项(SSR TKNE)。

如果电子客票出票失败，系统可能返回"×××ERROR"的错误提示，"×××"是错误编号，出票出错返回的编号含义见表 7.2 所列。

表 7.2 出票出错返回的编号含义

编号	说明	编号	说明
3	报文中缺少必要的信息	119	PNR 中存在非法的 SSR TKNE 项
102	无效的航班的到达时间	120	没有找到匹配的航段
104	CRS PNR 中的 RMK CA 项错误	129	没有找到匹配的 B 系统 PNR
118	系统无法处理的错误	153	B、C 系统 PNR 中的姓名不匹配

编号	说　明	编号	说　明
154	系统无法处理的报文格式	400	票号已经被使用
155	系统无法支持的报文	401	无法找到票号
381	缺少 B 系统 PNR 编码	440	客票状态不正确
394	没有电子客票航班	441	客票状态不正确
395	航段已经被打印	467	无法找到匹配的 PNR 编码
396	客票状态不正确		

指令格式:

　　>ETDZ:打票机号　　　　　　　　　　　//出电子客票

　　>ETDZ:打票机号/旅客编号或编号范围　//出指定旅客的电子客票

　　例

　　>ETDZ:4

```
CNY1780.00        R6D03
ET PROCESSING...PLEASE WAIT!
ELECTRONIC TICKET ISSUED
```

　　代理人执行 ETDZ 指令之后,系统首先会返回金额和 CRS PNR 记录编号,然后出现"ET PROCESSING...PLEASE WAIT!"的提示,最终出票成功后系统返回信息提示"ELECTRONIC TICKET ISSUED"。

　　电子客票出票成功的标志是"ELECTRONIC TICKET ISSUED",如果没有出现该信息提示,表示该电子客票没有成功出票,代理人可以用 TSL 指令查看出票失败的票号,在当天还可以用出票重试指令 ETRY 将出票失败的 PNR 重新出票。

　　代理人出票以后应提出并核对该 PNR。如:

　　>RT:R6D03

```
 **ELECTRONIC TICKET PNR**
1. 测试人 R6D03
2.  HU3068 Y    MO18OCT   XIYHAK HK1    2100 2340              E
3.HAK/T HAK/T 0898-66701769/HAI NAN KAI SHENG INDUSTRY CO. LTD./ ABCDEFG
4.NC
5.T
6.SSR FOID HU HK1 NI110101700101001/P1
7.SSR OTHS 1E TKTL ADV TKT NBR TO HU BY 16OCT04/2100/PEK TIM/OR NO ALL SG/BCS
HU3068 /Y/18OCT/XIYHAK
8.SSR TKNE HU HK1 XIYHAK 3068 Y18OCT 8805440202032/1/P1
9.RMK CA/BQH5E
10.FN/FCNY1730.00/SCNY1730.00/C3.00/XCNY50.00/TCNY50.00CN/ACNY1780.00
11.TN/880-5440202032/P1
12.FP/CASH,CNY
```

电子客票出票后系统在 PNR 中加入电子客票标识"**ELECTRONIC TICKET PNR**"、电子客票票号项(SSR TKNE)和票号项(TN)。

若 ETDZ 出票失败,则:

>ETDZ:4

CNY5170.00　　　　QPW0T

ET PROCESSING...PLEASE WAIT!

153 ERROR

此电子客票出票失败,系统返回"153 ERROR"的错误提示,表示 B、C 系统 PNR 中的姓名不匹配。

>RT: QPW0T

1. 测试人 QPW0T

2.　HU7181 Y　　MO18OCT　HAKPEK HK1　　0800 1130　　　　　　　　E

3.HAK/T HAK/T 0898-66786433/YIN CHENG WU YE MANAGER CO./ ABCDEFG

4.NA

5.T

6.SSR FOID CA HK1 NIAAAA12345678711/P1

7.SSR TKNE HU HN1 HAKPEK 7181 Y18OCT 8802217341619/1/DPN63006/P1

8.RMK CA/B7DCX

9.FN/FCNY5120.00/SCNY5117.00/C3.00/XCNY50.00/TCNY50.00CN/ACNY5170.00

10.TN/880-2217341619/P1

11.FP/CASH,CNY/ABCDEFGHIJKLMN

12.HAK144

提出该出票失败的电子客票 CRS PNR,发现 PNR 的第一行没有电子客票标识"**ELECTRONIC TICKET PNR**",并且 SSR TKNE 项中存在 DPN63006,63006 为电子客票打票机 PID 号。

7.4.4　出票重试(ETRY:)

因各种原因导致出票失败或者出现提示"ELECTRONIC TICKET TRANSACTION TIMEOUT"时,可以用出票重试指令 ETRY。

指令格式:

>ETRY:　　　　　　在原 PNR 基础上重新出票

重试操作的步骤:

(1) 在销售报表中(TSL 指令)查看当天出票失败的 BSP ET;

(2) 提取出票失败的电子客票在 CRS 中的 PNR 记录;

(3) 执行重试指令 ETRY;

(4) 再次查看销售报表中记录的状态。

例　以 HAK128 部门,4 号打票机为例。

>TSL:4

```
*******************************************************************************
            CAAC  MIS  OPTAT  DAILY-SALES-REPORT              *
*                                                                            *
*  OFFICE : HAK128     IATA NUMBER : 08022766  DEVICE : 4/  63002            *
*  DATE   : 18AUG                           AIRLINE:   ALL                   *
------------------------------------------------------------------------------
   TKT-NUMBER   ORIG-DEST   COLLECTION   TAXS    COMM%    PNR  AGENT
------------------------------------------------------------------------------
880-5440200002   BJS CAN      1200.00      50.00   4.00    M4803   29821
880-5440200001   XIY BJS      10.00                4.00    S5405   29821
880-5440202032   XIY HAK      BSP ET ISSUE FAILED !!!!     R6D03   29817
*============================================================================*
TOTAL TICKETS:      3 (      0 TICKETS VOID /      0 TICKETS REFUND )
--------------NORMAL ICKETS-------------
   NORMAL  FARE-- AMOUNT :      1210.00            CNY
     CARRIERS -- AMOUNT :      1161.60            CNY
       COMMIT -- AMOUNT :        48.40            CNY
   NORMAL   TAX -- AMOUNT :       50.00            CNY
--------------REFUND TICKETS-------------
   NET REFUND -- AMOUNT :         0.00            CNY
   DEDUCTION -- AMOUNT :          0.00            CNY
   REFUND    TAX -- AMOUNT :        0.00            CNY
```

出票失败的记录在报表中以"BSP ET ISSUE FAILED"标示。

>RT：R6D03

1.测试人 R6D03

2. HU3068 Y   MO18OCT XIYHAK HK1   2100 2340   E

3.HAK/T HAK/T 0898-66701769/HAI NAN KAI SHENG INDUSTRY CO. LTD./ ABCDEFG

4.NC

5.T

6.SSR FOID HU HK1 NI1101017001010001/P1

7.SSR OTHS 1E TKTL ADV TKT NBR TO HU BY 16OCT04/2100/PEK TIM/OR NO ALL SG/BCS HU3068 /Y/18OCT/XIYHAK

8.SSR TKNE HU HK1 XIYHAK 3068 Y18OCT 8805440202032/1/DPN63002/P1

9.RMK CA/BQH5E

10.FN/FCNY1730.00/SCNY1730.00/C3.00/XCNY50.00/TCNY50.00CN/ACNY1780.00

11.TN/880-5440202032/P1

12.FP/CASH,CNY

13.HAK128

出票失败的 PNR 记录中会自动生成 SSR TKNE…DPN63002/P1 项和 RMK CA/XXXXX 项，缺少这两项的 PNR 将无法进行重试指令 ETRY。

>ETRY：

```
ET PROCESSING...PLEASE WAIT!        R6D03
ET TRANSACTION SUCCESS
```

>TSL：4

```
********************************************************************************
*              CAAC  MIS  OPTAT   DAILY-SALES-REPORT                          *
*                                                                             *
* OFFICE : HAK128     IATA NUMBER : 08022766      DEVICE : 4/   63002         *
*   DATE   : 18AUG                               AIRLINE:    ALL              *
--------------------------------------------------------------------------------

  TKT-NUMBER   ORIG-DEST   COLLECTION   TAXS   COMM%   PNR   AGENT
--------------------------------------------------------------------------------

880-5440200002    BJS CAN     1200.00      50.00   4.00    M4803   29821
880-5440200001    XIY BJS       10.00              4.00    S5405   29821
880-5440202032    XIY HAK      1730.00      50.00   4.00    R6D03   29817

*==============================================================================*
TOTAL TICKETS:      3 (        0 TICKETS VOID /        0 TICKETS REFUND )
--------------NORMAL TICKETS-----------------------------------------------------
  NORMAL   FARE-- AMOUNT :         2410.00           CNY
   CARRIERS -- AMOUNT :            2313.60           CNY
    COMMIT -- AMOUNT :               96.40           CNY
  NORMAL   TAX -- AMOUNT :           50.00           CNY
--------------REFUNDTICKETS-----------------------------------------------------
  NET REFUND -- AMOUNT :             0.00            CNY
  DEDUCTION -- AMOUNT :              0.00            CNY
  REFUND    TAX -- AMOUNT :          0.00            CNY
```

重试成功以后，销售报表中的原失败记录与其他成功出票的记录一样。

7.5　电子客票提取

使用 DETR:指令提取电子客票记录有见表 7.3 所列几种用法。目前不支持代理人系统订座记录编号。

表 7.3　DETR：指令用法

指　令　格　式	指　令　说　明
DETR:TN/票号	按照票号提取电子客票记录
DETR:NI/身份证号	按照旅客的身份识别号(身份证号)提取电子客票记录

指令格式	指令说明
DETR:NM/旅客姓名	按照旅客姓名提取电子客票记录
DETR:CN/ICS 订座记录编号	按照航空公司系统订座记录编号(ICS PNR)提取电子客票记录
DETR:CN/ICS 订座记录编号,C	按照航空公司系统订座记录编号(ICS PNR)提取该 PNR 对应的全部电子客票记录
DETR:TN/票号,F	提取电子客票旅客的身份识别号
DETR:TN/票号,H	提取电子客票历史记录

如果满足 DETR:指令输入的查找内容的客票记录超过一张，将列出所有有效的电子客票记录。如果只有一个符合的电子客票记录，系统将显示这张电子客票的票面信息。

电子客票票面如图 7.4 所示。

```
ISSUED BY:HAINAN AIRLINES        ORG/DST:SIA/HAK        ISI:SITI    BSP-D
TUR CODE:
PASSENGER:测试人
EXCH:                            CONI TKT
O FM:1XIY HU 3068 Y 18OCT 2100 OK Y                    20K OPEN FOR USE
        RL:BQH5E /R6D03 1E
  TO:HAK
FARE:        CNY 1730.00|FOP:
TAX:         CNY 50.00CN|OI:
TOTAL:       CNY 1780.00|TKTN:880-5440202032
```

图 7.4　电子客票票面信息

(1) 电子客票票面右上角标识电子客票类型：

BSP-D　　BSP 电子客票——国内；

BSP-I　　BSP 电子客票——国际；

ARL-D　　航空公司本票电子客票——国内；

ARL-I　　航空公司本票电子客票——国际。

(2) 客票状态有以下几种：

OPEN FOR USE　　客票有效；

VOID　　客票已作废；

REFOUND　　已退票；

CHECK IN　　正在办理登机；

USED/FLOWN　　客票已使用；

SUSPENDED　　挂起状态，客票不能使用。

例 1　按照票号提取电子客票记录。

>DETR:TN/880-5440202032

>DETR:TN/880-5440202032.

ISSUED BY: HAINAN AIRLINES　　　ORG/DST: SIA/HAK　　　ISI: SITI　BSP-D

```
TOUR CODE:
PASSENGER: 测试人
EXCH:                                    CONJ TKT:
O FM:1XIY HU     3068    Y 18OCT 2100 OK Y              20K OPEN FOR USE
      RL:BQH5E     /R6D03 1E
   TO: HAK
FARE:          CNY 1730.00|FOP:
TAX:           CNY 50.00CN|OI:
TOTAL:         CNY 1780.00|TKTN: 880-5440202032
```

例2　按照旅客的身份证号提取电子客票记录。

>DETR:NI/110101700101001

```
>DETR:NI/110101700101001
ISSUED BY: HAINAN AIRLINES           ORG/DST: SIA/HAK     ISI: SITI
TOUR CODE:
PASSENGER: 测试人
EXCH:                                    CONJ TKT:
O FM:1XIY HU     3068    Y 18OCT 2100 OK Y              20K OPEN FOR USE
      RL:BQH5E     /R6D03 1E
   TO: HAK
FARE:          CNY 1730.00|FOP:
TAX:           CNY 50.00CN|OI:
TOTAL:         CNY 1780.00|TKTN: 880-5440202032
```

例3　按照旅客姓名提取电子客票记录，得到多个电子客票记录。

>DETR:NM/测试人

```
>DETR:NM/测试人
>DETR:TN/880-5440202018        NAME:测试人
   FOID:NI8812345677              HU7182 /18OCT04/PEKHAK OPEN
   FOID:NI8812345677              HU7181 /19OCT04/HAKPEK OPEN
>DETR:TN/880-5440202032        NAME:测试人
   FOID:NI110101700101001         HU3068 /18OCT04/XIYHAK OPEN
DETR:TN/880-5440202042         NAME:测试人
   FOID:42                        HU7182 /18OCT04/PEKHAK OPEN
   FOID:42                        HU7181 /19OCT04/HAKPEK OPEN
END OF SELECTION LIST
```

按照旅客姓名提取电子客票记录，由于重名旅客较多，需要通过其他方式继续提取电子客票记录。

>DETR:TN/880-5440202032，F

```
>DETR:TN/880-5440202032,F
NAME: 测试人    TKTN:8805440202032
  1             NI110101700101001
```

例4 按照航空公司系统记录编号 ICS PNR 提取电子客票记录。
　　>DETR:CN/BQH5E

```
> DETR:CN/BQH5E
ISSUED BY: HAINAN AIRLINES        ORG/DST: SIA/HAK        ISI: SITI     BSP-D
TOUR CODE:
PASSENGER: 测试人
EXCH:                                CONJ TKT:
O FM:1XIY HU     3068    Y 18OCT 2100 OK Y              20K OPEN FOR USE
        RL:BQH5E     /R6D03 1E
  TO: HAK
FARE:            CNY 1730.00|FOP:
TAX:             CNY 50.00CN|OI:
TOTAL:               CNY 1780.00|TKTN: 880-5440202032
```

　　也可能出现按照 ICS 订座记录编号提取电子客票记录，得到多个客票记录。
　　>DETR:CN/DBH33

```
> DETR:CN/DBH33
  TOO   MANY   TICKET ENTRY
```

　　由于该 PNR 含有较多旅客，系统会出现"TOO MANY TICKET ENTRY"的提示，此时可利用指令"DETR:CN/ICS 订座记录编号，C"来提取该 PNR 对应的全部电子客票记录。
　　例5 按照航空公司系统订座记录编号 ICS PNR 提取该 PNR 对应的全部电子客票记录。
　　>DETR:CN/DBH33，C

```
> DETR:CN/DBH33,C
DETR:TN/880-2217357154              NAME: 测一
   FOID:NI460100197810180001              HU7268 /18DEC04/XIYHAK OPEN
   FOID:NI460100197810180001              HU7267 /20DEC04/HAKXIY OPEN
DETR:TN/880-2217357155             NAME: 婴儿(MAR03)
   FOID:NI460100197810180001              HU7268 /18DEC04/XIYHAK OPEN
   FOID:NI460100197810180001              HU7267 /20DEC04/HAKXIY OPEN
DETR:TN/880-2217357156             NAME: 测二
   FOID:NI460100197810180002              HU7268 /18DEC04/XIYHAK OPEN
   FOID:NI460100197810180002              HU7267 /20DEC04/HAKXIY OPEN
DETR:TN/880-2217357157             NAME: 测三
```

例6　提取票号为 880-5440202060 的电子客票历史记录。
>DETR:TN/8805440202060,H

>DETR:TN/8805440202060,H

NAME: 测试人　　TKTN: 8805440202060

IATA OFFC: 08020283 ISSUED: 04OCT04

6 1	07AUG/0030/9940	NFMT COUPON REPORTED
5 1	06AUG/1938/9940	ETLU C/F
4 1	06AUG/1827/17373	CKIN O/C HU7381/06AUG04/M/HAKPEK
3 1	04OCT/1817/9983	RVAL CHG FLT FROM HU7181/05OCT04/Y/HAKPEK TO HU7381/06OCT04/Y/HAKPEK
2	04OCT/1010/9983	TRMK RECEIPT HAD BEEN PRINTED
1	04OCT/0953/29821	TRMK HAK+HAK144+DEV-2

电子客票历史记录修改类型说明：

(1) NFMT——生成结算数据报告；

(2) ETLU——系统 ETL 报文自动更新航段状态；

(3) CKIN——值机；

(4) RVAL——更改航班和日期；

(5) TRMK——注释；

(6) TKSU——手工修改航段状态；

(7) CRSU——CRS 更新；

(8) EOTU——CRS PNR 封口。

7.6　电子客票更改、作废和退票

7.6.1　电子客票更改

1. 航班变更

电子客票允许更改航班。但所更改的航班在航段、航空公司和舱位上应保持一致。

对电子客票进行航班变更遵循以下操作流程：

(1) 提取电子客票旅客记录(PNR)；

(2) 查看电子客票状态，是否为 "OPEN FOR USE"；

(3) 若电子客票有效才能进行航班更改；

(4) 更改电子客票票号项(SSR TKNE)；

(5) PNR 封口(@)。

例

>RT：QY80P

```
    **ELECTRONIC TICKET PNR**

1.TESTER/HU QY80P

2.HU7181 Y    TU19OCT   HAKPEK HK1    0800 1130              E

3.HAK/T HAK/T 0898-66701769/HAI NAN KAI SHENG INDUSTRY CO. LTD./ ABCDEFG

4.NA

5.T

6.SSR FOID CA HK1 NI12345678711/P1

7.SSR OTHS 1E TKTL ADV TKT NBR TO HU BY 17OCT04/0800/PEK TIM/OR NO ALL
   SG/BCS   HU7181 /Y/19OCT/HAKPEK

8.SSR TKNE HU HK1 HAKPEK 7181 Y19OCT 8805440202060/1/P1

9.RMK CA/BQH93

10.FN/FCNY1200.00/SCNY1200.00/C4.00/XCNY50.00/TCNY50.00CN/ACNY1250.00

11.TN/880-5440202060/P1

12.HAK128
```

每一个电子客票记录都包含有电子票标识以及一个或多个 SSR TKNE 项。

```
    >DETR:TN/880-5440202060

ISSUED BY: HAINAN AIRLINES          ORG/DST: HAK/BJS      ISI: SITI

TOUR CODE:

PASSENGER: TESTER/HU

EXCH:                          CONJ TKT:

O FM:1HAK HU    7181   Y 19OCT 0800 OK Y            20K OPEN FOR USE
        RL:BQH93     /QY80P 1E

  TO: PEK

FARE:          CNY 1200.00|FOP:

TAX:           CNY 50.00CN|OI:

TOTAL:         CNY 1250.00|TKTN: 880-5440202060
```

```
    >XE:2
    SS:HU7281/Y/20OCT/HAKPEK/1

    **ELECTRONIC TICKET PNR**

1.TESTER/HU QY80P

2.  HU7281 Y    WE20OCT   HAKPEK DK1    1250 1610         738   0  R E

3.HAK/T HAK/T 0898-66701769/HAI NAN KAI SHENG INDUSTRY CO. LTD./ ABCDEFG

4.NA

5.T

6.SSR FOID CA HK1 NI12345678711/P1

7.SSR OTHS 1E TKTL ADV TKT NBR TO HU BY 17OCT04/0800/PEK TIM/OR NO ALL
   SG/BCS HU7181 /Y/19OCT/HAKPEK

8.SSR TKNE HU HK1 HAKPEK 7181 Y19OCT 8805440202060/1/P1
```

9.RMK CA/BQH93

10.FN/FCNY1200.00/SCNY1200.00/C4.00/XCNY50.00/TCNY50.00CN/ACNY1250.00

11.TN/880-5440202060/P1

12.HAK128

删除原电子客票票号项 SSR TKNE，输入新的电子客票票号项 SSR TKNE。目前系统只能支持每次输入一个 SSR TKNE 项，若需要输入多个 SSR TKNE 项，则需要多次输入。

>XE 8

SSR TKNE HU HK1 HAKPEK 7281 Y20OCT 8805440202060/1/P1

ELECTRONIC TICKET PNR

1.TESTER/HU QY80P

2.HU7281 Y　WE20OCT　HAKPEK DK1　1250 1610　　738　0　R E

3.HAK/T HAK/T 0898-66701769/HAI NAN KAI SHENG INDUSTRY CO. LTD./ ABCDEFG

4.NA

5.T

6.SSR FOID CA HK1 NI12345678711/P1

7.SSR OTHS 1E TKTL ADV TKT NBR TO HU BY 17OCT04/0800/PEK TIM/OR NO ALL

　SG/BCS HU7181 /Y/19OCT/HAKPEK

8.SSR TKNE HU HK1 HAKPEK 7281 Y20OCT 8805440202060/1/P1

9.RMK CA/BQH93

10.FN/FCNY1200.00/SCNY1200.00/C4.00/XCNY50.00/TCNY50.00CN/ACNY1250.00

11.TN/880-5440202060/P1

12.HAK128

新输入的 SSR TKNE 存在于 PNR 当中，原 SSR TKNE 被删除。变更完成，PNR封口。

>@

HU7281　Y WE20OCT　HAKPEK DK1　1250 1610

QY80P -EOT SUCCESSFUL, BUT ASR UNUSED FOR 1 OR MORE SEGMENTS

最后，可以提取电子客票票面，查看客票变更后的状态。

>DETR:TN/880-5440202060

DETR TN 8805440202060

ISSUED BY: HAINAN AIRLINES　　　　ORG/DST: HAK/BJS　　ISI: SITI

TOUR CODE:

PASSENGER: TESTER/HU

EXCH:　　　　　　　　　　CONJ TKT:

O FM:1HAK HU　　7281　Y 20OCT 1250 OK Y　　　　20K OPEN FOR USE

　　　RL:BQH93　/QY80P 1E

　TO: PEK

FARE:　　　　CNY 1200.00|FOP:

| TAX: | CNY 50.00CN\|OI: |
| TOTAL: | CNY 1250.00\|TKTN: 880-5440202060 |

2. 变更旅客身份标识信息

电子客票允许修改旅客身份标识信息。更改电子客票旅客身份标识信息需要遵循以下操作流程：

(1) 提取 PNR；

(2) 删除 PNR 中原有的电子客票旅客身份标识信息，输入新的电子客票旅客身份标识信息；

(3) PNR 封口(@)。

例

>RT QZ80D

```
 **ELECTRONIC TICKET PNR**
1.TEST/ABC QZ80D
2.HU7181 Y    TU19OCT   HAKPEK HK1    0800 1130                E
3.HAK/T HAK/T 0898-66701769/HAI NAN KAI SHENG INDUSTRY CO. LTD./ ABCDEFG
4.NA
5.T
6.SSR FOID HU HK1 NI12345678901/P1
7.SSR OTHS 1E TKTL ADV TKT NBR TO HU BY 17OCT04/0800/PEK TIM/OR NO ALL
   SG/BCS HU7181 /Y/19OCT/HAKPEK
8.SSR TKNE HU HK1 HAKPEK 7181 Y19OCT 8805440202064/1/P1
9.RMK CA/BQH9B
10.FN/FCNY1700.00/SCNY1700.00/C3.00/XCNY50.00/TCNY50.00CN/ACNY1750.00
11.TN/880-5440202064/P1
12.FP/CASH,CNY
13.HAK128
```

>DETR:TN/880-5440202064,F

```
>DETR:TN/880-5440202064,F
NAME: TEST/ABC TKTN:8805440202064
  1        NI12345678901
```

删除 PNR 中原有的电子客票旅客身份标识信息，输入新的电子客票旅客身份标识信息。

>XE:6

SSR FOID HU HK/ NI92345678901A/P1

```
 **ELECTRONIC TICKET PNR**
1.TEST/ABC QZ80D
2.HU7181 Y    TU19OCT   HAKPEK HK1    0800 1130                E
3.HAK/T HAK/T 0898-66701769/HAI NAN KAI SHENG INDUSTRY CO. LTD./ ABCDEFG
```

```
4.NA

5.T

6.SSR FOID HU XX1 NI12345678901/P1

7.SSR FOID HU HK1 NI92345678901A/P1

8.SSR OTHS 1E TKTL ADV TKT NBR TO HU BY 17OCT04/0800/PEK TIM/OR NO ALL
  SG/BCS HU7181 /Y/19OCT/HAKPEK

9.SSR TKNE HU HK1 HAKPEK 7181 Y19OCT 8805440202064/1/P1

10.RMK CA/BQH9B

11.FN/FCNY1700.00/SCNY1700.00/C3.00/XCNY50.00/TCNY50.00CN/ACNY1750.00

12.TN/880-5440202064/P1

13.FP/CASH,CNY

14.HAK128

  >@
```

```
HU7181   Y TU19OCT   HAKPEK HK1    0800 1130
QZ80D
```

最后，可以重新提取电子客票旅客记录，查看修改结果。

>RT QZ80D

```
**ELECTRONIC TICKET PNR**

1.TEST/ABC QZ80D

2.HU7181 Y    TU19OCT    HAKPEK HK1    0800 1130              E

3.HAK/T HAK/T 0898-66701769/HAI NAN KAI SHENG INDUSTRY CO. LTD./ ABCDEFG

4.NA

5.T

6.SSR FOID HU HK1 NI92345678901A/P1

7.SSR OTHS 1E TKTL ADV TKT NBR TO HU BY 17OCT04/0800/PEK TIM/OR NO ALL
  SG/BCS   HU7181 /Y/19OCT/HAKPEK

8.SSR TKNE HU HK1 HAKPEK 7181 Y19OCT 8805440202064/1/P1

9.RMK CA/BQH9B

10.FN/FCNY1700.00/SCNY1700.00/C3.00/XCNY50.00/TCNY50.00CN/ACNY1750.00

11.TN/880-5440202064/P1

12.FP/CASH,CNY

13.HAK128

  >DETR:TN/880-5440202064,F
```

```
>DETR:TN/880-5440202064,F
NAME: TEST/ABC TKTN:8805440202064
  1        NI92345678901A
```

7.6.2 作废电子客票

VT 指令用来作废电子客票。使用 VT 指令前首先要建立打票机控制，VT 指令只能在出票当天使用。客票作废后应注意将所订的 PNR 删除或重新出票。

指令格式：

>VT:打票机号/起始票号-结束票号/代理人系统订座记录编号(CRS PNR)

例 将 4 号打票机出的票号为 880-5440202024 客票作废。

>VT:4/880-5440202024/QZ80B

ET TRANSACTION SUCCESS

>DETR:TN/880-5440202024

> DETR: TN/880-5440202024

| ISSUED BY: HAINAN AIRLINES | ORG/DST: BJS/HAK | ISI: SITI |

TOUR CODE:

PASSENGER: TEST/AA

EXCH: CONJ TKT:

O FM:1PEK HU   7182   Y 28OCT 1230 OK Y   20K VOID

          RL:BQH3Q   /QZ80B 1E

 TO: HAK

FC: 28OCT04PEK HU HAK1200.00CNY1200.00END

FARE: CNY 1200.00|FOP:

TAX: CNY 50.00CN|OI:

TOTAL: CNY 1250.00|TKTN: 880-5440202024

票号作废后,使用 DETR 指令检查电子客票作废情况发现客票状态已为"VOID"。VT 指令也可以作废多张客票。

>VT:4/880-5440202085-02087/SEM09

ET TRANSACTION SUCCESS

将 4 号打票机出的 8805440202085 至 8805440202087 三张票作废。

7.6.3 电子客票退票

国内 BSP 电子客票退票的过程分成三步：

(1) 执行 DETR 指令提出电子客票，参看该航段的状态是否为"OPEN FOR USE"，才能继续退票；

(2) 执行 TRFD 指令将指定票号的指定航段退票；

(3) 提交过电子客票 TRFD 退票单后,如果需要修改或者删除退票单,还需要做 ETRF 指令。

国际 BEP ET 的退票流程与国内不一样。

例

>DETR:TN/880-5440202028

> DETR: TN/880-5440202028

| ISSUED BY: HAINAN AIRLINES | ORG/DST: BJS/HAK | ISI: SITI |

TOUR CODE:

```
PASSENGER: TEST/AA
EXCH:                              CONJ TKT:
O FM:1PEK HU     7182   Y 28OCT 1230 OK Y              20K OPEN FOR USE
       RL:BQH4Q      /N8405 1E
  TO: HAK
FC: 28OCT04PEK HU HAK1200.00CNY1200.00END
FARE:          CNY 1200.00|FOP:
TAX:           CNY 50.00CN|OI:
TOTAL:         CNY 1250.00|TKTN: 880-5440202028
```

提出电子客票票面，检查航段状态是否是"OPEN FOR USE"。

执行 TRFD 指令将指定票号的指定航段退票。使用 TRFD 与以前相比，提交退票申请单时多了一个"ET"标识项，该项的作用在于，如果退的是 BSP 纸票，则该项输入"N"；如果退的是 BSP 电子客票，那么该项输入应为"Y"。当退票申请单提交成功后，系统会自动将电子客票的"OPEN FOR USE"改为"REFOUNDED"，毋须代理人手工改写状态。

>TRFD:9/D/40234210

```
                REFUND    APPLICATION    FORM


    REFUND-NUMBER  40234210    REFUND-TYPE  D        DEVICE-ID  9

    DATE   13APR             TIME    1059      AGENT   10

    IATA   08300025        OFFICE    BJS 191    ET(Y/N)  Y

    A/L CODE  ___ TICKET NO. _____ - 0_____        CK   0

    CJ.NO.  1     COUPON NO.  1 0000   2 0000   3 0000   4 0000

    PSG NAME _____

    GROSS REFUND _____  FOP CASH____   CURRENCY CODE CNY

    T| TAX1 Code __  AMOUNT _____  TAX2 CODE __  AMOUNT _____

    A| TAX3 Code __  AMOUNT _____  TAX4 CODE __  AMOUNT _____

    X| TAX5 Code __  AMOUNT _____  TAX6 CODE __  AMOUNT _____

    COMM% _____% OTHER DEDUCTION _____   RMK _____

    NET REFUND _____   CREDIT CARD _____

    P(PRT) C(CPY) S(SAV) D(DEL) I/F3(IG) R/F4(REF) E/F5(EXT) __
```

>DETR:TN/880-5440202028

```
> DETR: TN/880-5440202028
ISSUED BY: HAINAN AIRLINES         ORG/DST: BJS/HAK     ISI: SITI
TOUR CODE:
PASSENGER: TEST/AA
EXCH:                              CONJ TKT:
O FM:1PEK HU     7182   Y 28OCT 1230 OK Y              20K REFUNDED
       RL:BQH4Q      /N8405 1E
  TO: HAK
```

```
FC: 28OCT04PEK HU HAK1200.00CNY1200.00END
FARE:            CNY 1200.00|FOP:
TAX:             CNY 50.00CN|OI:
TOTAL:           CNY 1250.00|TKTN: 880-5440202028
```

退票后，使用 DETR 指令检查电子客票退票情况，发现票已退。

最后可查看电子客票修改的历史记录。

>DETR:TN/880-5440202028,H

```
>DETR:TN/880-5440202028,H
NAME: TEST/AA   TKTN:8805440202028
IATA OFFC: 08022766 ISSUED: 18AUG04
  2 1   17AUG/1555/8022766   CRSU O/R 000 04081915555
  1     17AUG/1528/8022766   TRMK KAI SHENG+HAK128+DEV-04
```

如果代理人需要修改 TRFD 退票单，先要删除错误的 TRFD 退票单。如果退票单已删除，客票状态仍然是 REFUNDED，则需要用 ETRF 操作将电子客票的状态改回 OPEN FOR USE，才可以重新利用这张 BSP ET 或者重新提交 TRFD 退票单。

同时，注意 ETRF 指令必须要在 TRFD 指令操作当天进行。

指令格式：

>ETRF:航段序号/电子客票票号/PRNT/打票机号/OPEN

执行之后，就将电子客票状态由 REFUNDED 改为 OPEN FOR USE。

7.6.4 自动退款(TRFD:)

代理人可以使用 TRFD 指令对 BSP 退票进行查询、修改或者添加。

指令格式：

>TRFD:打票机号/退款类型(国内、国际)/退票单编号(8 位)

三个参数缺一不可。代理人必须输入正确的打票机 ID 和类型，如果退票号码在系统中已经存在，则显示该退票单的相关信息，以供代理人查阅和更新；如果退票号码不存在，则系统自动新建一个该号码的退票项，代理人可以添加相关的退票信息并保存。

注意，代理人只能查阅、修改和删除当天的退票信息。过了当天将不能进行任何操作。

输出显示中主要包含退票基本信息、票面信息、票款信息、操作四部分。

```
                    REFUND    APPLICATION    FORM

    REFUND-NUMBER  40234210  REFUND-TYPE  D        DEVICE-ID  9
    DATE   13APR             TIME   1059        AGENT  10
    IATA   08300025          OFFICE  BJS 191   ET(Y/N) Y
    A/L CODE ___ TICKET NO. _____ - 0_____      CK  0
    CJ.NO.  1    COUPON NO.  1 0000   2 0000   3 0000   4 0000
    PSG NAME _____
```

```
GROSS REFUND _____    FOP CASH_____      CURRENCY CODE CNY___
TI TAX1 Code __   AMOUNT _____    TAX2 CODE __   AMOUNT _____
AI TAX3 Code __   AMOUNT _____    TAX4 CODE __   AMOUNT _____
XI TAX5 Code __   AMOUNT _____    TAX6 CODE __   AMOUNT _____
COMM% _____% OTHER DEDUCTION _____    RMK __ _____
NET REFUND    _____         CREDIT CARD _____
P(PRT) C(CPY) S(SAV) D(DEL) I/F3(IG) R/F4(REF) E/F5(EXT) __
```

(1) 退票基本信息(自动生成，不可修改)，见表 7.4 所列。

表 7.4　退票基本信息

项　目	字符长度	类　型	描　述
REFUND-NUMBER	8	整型数字	输入的退票号码，必须 8 位定长
REFUND-TYPE	1	字母	所退票的类型(D——国内票，I——国际票)
DEVICE-ID	1~2	整型数字	打票机的 ID 号
DATE	7	字母/数字	退票登记日期，格式为 DDMMYY
TIME	4	整型数字	退票登记时间，格式为 HHMM
AGENT	1~5	整型数字	系统读出当前用户的工作号
IATA	8	整型数字	用户 OFFICE IATA 号，必须 8 位定长
OFFICE	6	字母+数字	用户 OFFICE 的 CITY CODE 和 CITY NUMBER

(2) 票面信息(由代理人填写)，见表 7.5 所列。

表 7.5　票面信息

项　目	字符长度	类　型	描　述
A/L CODE	3	字母/数字	航空公司机票代码(必填)
TICKET	10	整型数字	机票号码(必填)
CK	1	整型数字	校验位
CPN NO./S	4	整型数字	票联号码(必填)，按航段退票
PSGNAME	0~49	字母	旅客姓名(可以不输入)

(3) 票款信息，见表 7.6 所列。

表 7.6　票款信息

项　目	字符长度	类　型	描　述
GROSS REFUND	1~9	浮点数字	退款金额(不含税)，最多保留两位小数，范围 0~999999.99
CURRENCY CODE	3	字母	机票所用货币类型，默认为 CNY(必填)
TAX CODE(1~3)	2	字母	机票所含税的代码
AMOUNT	1~6	数字	机票所含税的金额，最多保留两位小数，范围 0~999.99
LESSCOMMISSION	1~5	数字	代理费率，按百分比输入，保留两位小数，范围 0~99.99
OTHERDEDUCTION	1~9	浮点数字	退票费，最多保留两位小数，范围 0~999999.99
NET REFUND	1~9	浮点数字	实际退款额，此项由系统自动算出，不可修改

(4) 操作，见表 7.7 所列。

表 7.7　操作

项 目	描　　述
S(SAVE)	键入 S 后，再按传送键，将当前信息存储但不退出
D(DELETE)	键入 D 后，再按传送键，将当前信息删除但不退出
E(EXIT)	键入 E，再按传送键，将当前信息存储但退出
I(IGNORE)	键入 I，再按传送键，不存储退出
R(REFRESH)	键入 R，再按传送键，将当前信息刷新到修改前

此外，系统增加了 TRFD 接收票款最大金额、接收降舱退款、接收付款(Form Of Payment FOP)方式等输入功能。

降舱退款功能，代理人在 TRFD 指令输出中，在相应航段上输入降舱符号，就可以完成降舱退款操作。

降舱退款的符号是：

G——由 F 舱降为 C 舱；

Y——由 F 舱降为 Y 舱；

C——由 C 舱降为 Y 舱。

注意，降舱退款与普通航段退款不能同时进行，应分两次进行。

TRFD 中如果不输入付款方式，则系统默认付款方式为 CASH 现金方式。可以接收的付款方式有：

CASH(现金，默认)　　　　　CHECK/CHEQUE(支票)

CC(信用卡)　　　　　　　　GR(包机)

SGR(挂账)　　　　　　　　EF(自助银行)

7.7　电子客票销售日报

系统提供了销售统计指令 TSL/TPR 用于查看日常销售情况。TSL 指令统计当日客票销售情况，TPR 指令可以查询当前日期之前 7 天内任意一天客票销售情况。

7.7.1　销售日报统计指令(TSL:)

TSL 是专门为 BSP 中性客票代理人提供的指令，它可以帮助销售人员及时，动态地了解当日客票销售情况，同时可以灵活，准确的得到各种统计数据，为实现对 BSP 中性客票日常使用的有效管理，以及制作相关的销售日报带来了极大的方便。同时，TSL 还可以帮助财务人员检查客票的使用情况，以及作废情况。

指令格式：

>TSL:打票机号/(起始时间)/(终止时间)/(代理人号)/(H)

例 出票之后，通过 TSL 显示 4 号打票，2004 年 8 月 18 日的销售情况。

>TSL: 4

```
*************************************************************************
*                CAAC  MIS  OPTAT   DAILY-SALES-REPORT                  *
*                                                                       *
*  OFFICE : HAK128     IATA NUMBER : 08022766     DEVICE : 4/  63002    *
*  DATE    :18AUG                          AIRLINE:   ALL               *
-------------------------------------------------------------------------
TKT-NUMBER   ORIG-DEST  COLLECTION   TAXS  COMM%   PNR   AGENT
-------------------------------------------------------------------------
880-5440202025   BJS HAK     BSP ET ISSUE FAILED !!!!     QZ80C   29822
880-5440202024   VOID        1410   18AUG                 QZ80B   29822
880-5440202023   BJS HAK     1200.00      50.00  4.00     QZ809   29822
880-5440202019   REFUND      800.00               0.00            29817
880-5440202020   BJS BJS     1200.00      50.00  3.00     NMM03   29817
880-5440202019   BJS BJS     1200.00      50.00  4.00     M8035   29817
880-5440202018   BJS BJS     1200.00      50.00  4.00     M8035   29817
880-5440202005   REFUND      800.00               0.00            29817
880-5440202014   VOID        1109   18AUG                 M801T   29817
880-5440202013   VOID        1109   18AUG                 M801T   29817
*=======================================================================*
   TOTAL TICKETS:   10 (     3 TICKETS VOID /      2 TICKETS REFUND )
-------------NORMAL ICKETS-----------------------------------------------
   NORMAL   FARE-- AMOUNT :      4800.00          CNY
      CARRIERS -- AMOUNT :      4620.00           CNY              +
```

对于出票失败的票可以用出票重试指令 ETRY 重试。

作废 880-5440202024 可以通过指令：

>VT 4/880-5440202024/QZ80B

ET TRANSACTION SUCCESS

成功退票后，880-5440202019，880-5440202005 已被标记为 REFUND。

7.7.2 当前销售周期统计指令(TPR:)

TPR 指令用于统计当前销售周期电子客票的销售情况，可以显示指定电子客票打票机的销售情况。系统保存了最近三天的销售数据，包括票号、航段、付款信息、记录编号、代理人号等信息。

指令格式：

>TPR:打票机号/日期/(起始时间)/(终止时间)/(代理人号)/(H)

当天的销售数据应使用 TSL 指令来查询,而 TPR 则是用来查询最近三天的销售数据,显示信息与之前的 TSL 信息一致。

例 显示时系统当前日期是 2004 年 8 月 21 日,查询 4 号打票机 2004 年 8 月 20 日的销售情况。

>TPR:4/20AUG04

```
***************************************************************************
*              CAAC   MIS   PASSTED-DAILY-SALES-REPORT                 *
*                                                                      *
*   OFFICE : HAK128    IATA NUMBER : 08022766    DEVICE : 4/  63002    *
*   DATE   : 20AUG04                  AIRLINE:    ALL                  *
-----------------------------------------------------------------------
```

TKT-NUMBER	ORIG-DEST	COLLECTION	TAXS	COMM%	PNR	AGENT
880-5440202000	SIA SIA	1730.00		3.00	M4809	29817
880-5440202002	SIA SIA	BSP ET ISSUE FAILED !!!!		M480D	29817	
880-5440202022	BJS HAK	1200.00	50.00	4.00	QZ803	29822
880-5440202023	BJS HAK	1200.00	50.00	4.00	QZ809	29822
880-5440202024	VOID				QZ80B	29822
880-5440202028	BJS HAK	1200.00	50.00	4.00	N8405	29822
880-5440202029	BJS HAK	1200.00	50.00	4.00	N8406	29822
880-5440202030	BJS HAK	1200.00	50.00	4.00	N8407	29822
880-5440202028	REFUND	200.00		0.00		29822
880-5440202029	REFUND	200.00		0.00		29822

```
*======================================================================*
    TOTAL TICKETS:    10( TICKETS VOID     1    TICKETS REFUND    2  )
-------------------------NORMAL TICKETS--------------------------------
    NORMAL FARE -- AMOUNT :     7730.00        CNY
    CARRIERS -- AMOUNT :        7438.10        CNY
    NORMAL TAX -- AMOUNT :       250.00        CNY                  +
NORMAL COMMIT -- AMOUNT :        291.90        CNY
*-------------------------REFUND TICKETS-------------------------------*
    NET REFUND -- AMOUNT :       400.00        CNY
    DEDUCTION -- AMOUNT :          0.00        CNY
    REFUND TAX -- AMOUNT :         0.00        CNY
REFUND COMMIT -- AMOUNT :         0.00        CNY
*======================================================================*
```

思 考 题

1. 建立打票机控制用( )指令。
   A. EC   B. EI   C. AC   D. DZ

2. 查看本 OFFICE 第二台打票机状态，用( )指令。
   A. DZ 打票机序号
   B. EI 打票机序号
   C. DA 打票机序号
   D. DI 打票机序号

3. 显示授权航空公司名称及代理人信息的指令( )。
   A. EI   B. DDI   C. DZ   D. DI

4. 对打票机：打开输入，打开输出，用( )指令。
   A. TI 序号   TO 序号
   B. XI 序号   XO 序号
   C. T0 序号   TI 序号
   D. XO 序号   XI 序号

5. 对打票机：退出输入，退出输出，用( )指令。
   A. TI 序号   TO 序号
   B. XI 序号   XO 序号
   C. T0 序号   TI 序号
   D. XO 序号   XI 序号

6. 退出打票机控制，用( )指令。
   A. XI   B. XO   C. XC   D. XD

7. 当天销售统计指令是( )指令。
   A. TSL 选项/打票机序号
   B. TKTL 选项/打票机序号
   C. TN 选项/打票机序号
   D. DI 选项/打票机序号

8. 航段状态代号显示( )，表示已定妥座位。
   A. RR   B. HK   C. HL   D. HN

9. 提取 PNR 的历史记录用( )
   A. RTUx   B. RTC   C. RTT   D. RTB

第8章 系统信箱

8.1 概 述

QUEUE 意为"排队等候",为了便于理解,将它引申为"信箱"。信箱(QUEUE)中的信件包含了对代理人来说非常重要的信息,如:代理人订取的旅客记录(PNR)的变更情况的通知;系统对代理人应采取的行动的通知;航空公司对代理人的通知信息;代理人间的信息交换等。代理人通过处理本部门的信箱(QUEUE)中的信件,可以及时了解系统动态,及本部门所订的旅客记录(PNR)的实际情况,从而可以及时地采取行动,避免不必要的损失。

代理人系统中每个部门包括八种信箱(QUEUE),它们分别是 GQ、KK、SR、SC、TL、RP、TC、RE,每种信箱都有其特别的含义:

GQ:综合 QUEUE(General Message)。用于一些无法识别其种类或本部门没有建立某种 QUEUE 时,把此信件送入 GQ 中。

RP:自由格式的 QUEUE(Supper Report),用以代理间的相互联系。

KK:座位证实回复电报(Replay Record Queue)。

SR:特殊服务电报(SSR Request Queue)。

TC:机票更改(Ticked Change Queue)。

TL:出票时限(Time Limit Queue)。

SC:航班更改通知(Schedule Change Queue)。

RE:旅客重复订座(Passenger Rebook)。

信箱处理是日常工作中的必要环节。代理人对信箱的处理,主要是指代理人如何通过提取信箱中的信件,了解信件的实际信息,从而采取正确的行动。只有对信箱处理工作足够重视,才能搞好销售,协调好代理人与航空公司、旅客之间的工作。

由于每种信箱(QUEUE)的作用各不相同,所以每种信箱(QUEUE)的处理方法也各不相同,下面简要介绍各种信箱的用途。

8.2 KK 信 箱

KK 信箱中的信件主要反映了航空公司对代理人订取该航空公司航班座位、特殊餐食和特殊服务申请所采取的行动。一般情况下,航空公司会采取以下的处理:

(1) 对代理人的申请或候补的航班座位给予证实;

(2) 对代理人的申请予以取消;

(3) 对代理人订取的该航空公司的航班座位的其他变更；

(4) 对代理人订取的该航空公司的特殊餐食，及特殊服务给予证实或取消。

由此可见，代理人处理 KK 信箱是十分重要的，且处理时必须做到及时、准确。在实际工作中，经常发生由于没有及时、准确地处理 KK 信箱，给代理人和旅客带来不必要的损失的事件。当航空公司对代理人订取的该航空公司的申请或候补的航班座位给予证实后，若代理人不及时处理 KK 信箱，就无法及时得到证实的信息，无法通知旅客出票，达到出票时限后，航空公司会取消该座位；当航空公司对代理人订取的该航空公司的座位由于各种原因予以取消或更换舱位乃至更换航班后，若代理人不及时处理 KK 信箱，就无法及时得到取消或变更的信息，无法通知旅客变更情况，这样往往会造成旅客的行程受到影响，也可能对代理人自身造成损失。

例 1 航空公司证实代理人所订的航班座位。

```
BJS189 REPLY RCD        (0090)
1.GAO/FENG LI MGHGH
2.MU5114 I   SU08NOV   PEKTAO   KL1   1555 1710
3.BJS/T BJS189/T 010-65233385/BUSINESS & TRADE PAX-TREIGHT SERVICE
  CO./HANG EN FU ABCDEFG
4.65198530
5.TL/1200/06NOV98/BJS189
6.RMK CA/H1234
7.BJS189
```

例 2 由于旅客 NOSHO 引起的航段取消。

```
BJS189 REPLY RCD        (0090)
1.HAO/HAIDONG M4HC6
2.CZ3114 M    TH05NOV98PEKCAN   RR1   1520 1820
3.CA1302 K   FR06NOV98CANPEK       HX1   1845 2125
4.BJS/T BJS189/T 010-65233385/BUSINESS & TRADE PAX-TREIGHT SERVICE
  CO./HANG   EN FU ABCDEFG
5.65197585
6.T/T9993933565421-2
7.SSR OTHS 1E CANCELED DUE TO NOSHO AT AIRPORT
8.RMK CA/HNBP9
9.BJS189
```

例 3 航空公司证实代理人所订的特殊餐食或服务的申请。

```
 BJS189 REPLY RCD        (0090)
 1.LI/CHENGHONG NZB65
 2.CA960   L   SU04OCT   ZRHPEK HK1   1455 0705+1
```

3.BJS/T PEK/T 010-65975127/ZHAOSHANG CITS/FANG JIANLING ABCDEFG

4.65043069-JI

5.TL/1200/25SEP98/BJS199

6.SSR OTHS CA   KK1 NOSALT/P1

7.RMK CA/K2D3L

8.BJS189

8.3　TL 信 箱

计算机系统自动检查 PNR 是否已到出票时限，如果已到，便会将该 PNR 信息放到 TL 信箱中，通知代理人来处理。处理完后，便可将当前的内容释放掉；未处理完的，放回到信箱中。

代理人及时处理 TL 信箱是十分重要的，在实际运作中，经常发生由于达到出票时限后，代理人没有及时处理 TL 信箱，即没有及时通知旅客出票或再证实等事宜，航空公司会对代理人订取的座位予以取消；这样往往会造成旅客的行程受到影响，也可能对航空公司和代理人自身造成损失。

例　TL 信箱的举例。

BJS138 TIM-LIM TKT   (0140)

0.110JMKH/GRP NM0 P1NCR

1.CA931   K   TH12NOV   PEKFRA HK110 1345 1640

2.CA932   K   FR04DEC   FRAPEK HK110 1840 1110+1

3.BJS/T BJS189/T 010-65233385/BUSINESS & TRADE PAX-TREIGHT SERVICE

  CO./HANG   EN FU ABCDEFG

4.TEL 65233385HANG

5.TL/1200/06NOV98/BJS189

6.RMK CA/HY79G

7.BJS138

而当前系统时间为：

>DA:

A*   1   06NOV   0730   41   BJS138

B   AVAIL

C   AVAIL

D   AVAIL

E   AVAIL

PID   = 14329   HARDCOPY = 1112

TIME = 0800   DATE = 06NOV   HOST = LILY

AIRLINE = 1E   SYSTEM = CAAC01   APPLICATION =   3

系统会在 PNR 的出票时限到期之前拍发电报，提醒代理人及时处理。

8.4 SC 信 箱

航空公司航班更改后,代理人在此前订好的PNR,该PNR的行动代码ACTION CODE 会有相应的改变,出现UN、TK、TL等。为提示代理人注意,相应的PNR被列入代理人所在部门的SC 信箱。

代理人在处理SC 信箱时,如果该PNR已经出票,代理人须手工将TK改为RR,如航空公司对航班进行时间更改或航班保护,代理人还须及时通知旅客。因此对SC 信箱的及时处理,对维护旅客利益,避免航空公司受到不必要的损失,以及代理人良好的服务规范和信誉是非常重要的。

以下面PNR 为例:

```
BJS186 SCHEDULE CHG     (0175)
1.HUANG/YUSHENG
2.ZHAN/MINLI N3VE4
3.CZ3192 M    WE07OCT           PEKSZX RR2      0940 1240
4.CA1304 K    FR09OCT           SZXPEK TK2      1800 2055    S
5.BJS/T PEK/T 010-68539379/PEK JIN YUAN AVATION TRANSPORT SERVICE
 CO./CHU YU DE ABCDEFG
6.62011496
7.T/3933729305-8
8.RMK CA/KXTGL
9.BJS186
    >RTC
```

```
003     PEKCA 9983 0239 30SEP98 /2
    1.HUANG/YUSHENG(001)
    2.ZHAN/MINLI(001) N3VE4
001  3.CZ3192 M    WE07OCT   PEKSZX RR2      0940 1240
     DR(001)    RR(001)
001  4. CA1304 K    FR09OCT   SZXPEK TK2    1800 2055           S
     RR(001)   DR(001)   RR(001)   TK(003)
001  5.BJS/T PEK/T 010-68539379/PEK JIN YUAN AVATION TRANSPORT SERVICE
        CO./CHU YU DE ABCDEFG
001  6.62011496
001  7.T/3933729305-8
002  8.RMK CA/KXTGL
001  9.BJS186
001     BJS186 4081 0047 28SEP98
002     HDQCA 9983 0047 28SEP98 /RLC1
```

```
001/003  CA1304 K    FR09OCT  SZXPEK UN2    1740 2035            S
         RR(001)  DR(001)  RR(001)  UN(003)
003      PEKCA 9983 0239 30SEP98 /2
```

通过 RTC 可以看出 CA1304 航班起飞时间由 17 时 40 分改至 18 时整，到达时间从 20 时 35 分变更为 20 时 55 分。

8.5 TC 信 箱

TC 信箱的内容通常有两种，一种为代理人更改 PNR 的出票时限，或更改票号时，航空公司做系统夜维时会在此部门的 TC 信箱。另一种为 BSP 代理作废过票号记录后，做 TPR 指令，将作废的内容记录到 TC 信箱中。

例 1 代理人更改票号。

```
BJS139 TKT CHANGE
1.LI/MING MR N6YC4
2.CJ638   Y    SU08NOV   HKGDLC RR1    1320 1610
3.HKG/T HKG/T 00852-29262000/JEBSEN REAVEL/REX WOO ABCDEFG
4.HKG/JEBSEN TRAVEL 29238775 PINKY
5.T/782 4200246966
6.RMK CA/J37C8
7.HKG139
    >RTU1
001      HKG139 13674 0352 04NOV98
002      HDQCA 9983 0352 04NOV98 /RLC1
001/003 T/TL/1600/05NOV98/HKG139
003      HKG139 13674 0441 04NOV98
004      HDQCA 9983 0441 04NOV98 /RLC3
003/005 T/785 7826624313
005      HKG139 13674 0623 04NOV98
006      HDQCA 9983 0623 04NOV98 /RLC5
```

例 2 此例为代理人用 PVT 指令作废票时，在该代理人所在部门 TC 信箱中提示此作废票的信息，包括，部门代号、作废的票号、PNR 记录编号、操作人员的工作号，以及作废的时间和日期。

```
BJS187 TKT CHANGE
PAST BSP TICKETS VOIDED
BJS187
999-6649114127 NZ5N2   28SEP98  VOIDED   BY   4086    AT   29SEP98 0110
```

132

8.6　SR 信箱

航空公司控制人员和代理人之间会在 PNR 中加入 SSR 项，用以传递信息，并出在代理人的 SR 信箱中，提示代理人有关的 PNR 已做了一些变动。通常出现的 SR 信箱有航空公司人员催促代理人出票，或通知代理人航空公司方面已经确认某项信息，提示不要取消。

以下面 PNR 为例，航空公司 NO 了 M 舱的座位，并用 SSR 项通知代理人可改订 K 舱座位。

```
BJS138 SSR REQUEST        (0053)
0.16SHTM NM0 M1K5C
1.CZ8933 M    TH12NOV   KWLCAN NO16   1920 2015
2.CAN/T CAN132/T 020-7662857/GUANGDONG PROVINCE TRAIN CYTS/ZANG
   DUAN
3.86528091
4.TL/1700/07NOV/CAN132
5.SSR OTHS 1E CZ8933 PLS CHG TO K CLS
6.CAN132
```

```
    >RT:C
008      HDQCZ 9983 0253 30OCT98 /7/SNC
001 0.16SHTM NM0 M1K5C
001 1. CZ8933 M    TH12NOV   KWLCAN NO16   1920 2015
        NN(001)   NN(004)   HN(004)   NN(006)   HN(006)   NO(008)
001 2.BKD 16 CNL 0 SPLIT 0
001 3.CAN/T CAN132/T 020-7662857/GUANGDONG PROVINCE TRAIN CYTS/ZANG
        DUAN ABCDEFG
001   4.86528091
001   5.TL/1700/07NOV/CAN132
003   6.SSR OTHS 1E CZ8933 PLS CHG TO K CLS
001   7.CAN132
```

8.7　RP 信箱

RP 信箱主要是为代理人系统各部门之间传递信息而设置的。代理人可以用 QE 指令手工建立一封信件，并发向指定的部门。

发送一个信箱到指定的部门。

>QE:RP/BJS187

```
GOOD MORNING.
GAOFENG
```

在所发的信件的最后输入，则可将该信件发送到 BJS187 的 RP 信箱中。

而 BJS187 的代理人在处理 RP 信箱，提取该信箱时显示：

```
BJS189 SUPVR REPORT     (0000)
GOOD MORNING
GAOFENG
FROM AGENT 987    PID14331    PEK099    0815    10/11/98
```

其中，信箱中会显示出发送该信件的代理人的工作号、终端号及部门编号。

8.8 GQ 信 箱

GQ 即综合信箱，由于每个部门的信箱的种类有限，对于那些不属于在其他信箱中的信件则会统一被系统放入 GQ 中，所以 GQ 的种类很多，情况也很复杂，但归结起来均是与代理人所订的旅客记录或票务情况有关。因此代理人应及时处理 GQ，以期准确了解本部门的运作情况。

思 考 题

1. 代理人系统中八种信箱的具体含义。
2. KK 信箱的用法。

附录 A　指令英文全称

AI	AGENT IN
AM	ACKNOWLEDGE
AO	AEGNT OUT
AV	DISPLAY AVAILABILITY
CS	REARRANGE SEGMENT CONTINUITY
CT	CONTACT ELEMENT
DI	DEVICE INFORMATION DISPLAY
DQ	DUMP DEVICE QUEUE
DS	DISPLAY DATE SCHEDULE
DSG	DISPLAY SEGMENT INFORMATION DISPLAY
DZ	REQUEST DEMAND TICKET
EC	ESTABLISH CONTROL
EI	ENDORSEMENTS INFORMATION
ES	ENTER NEWLY CREATED SEGMENT INTO AN EXISTING PNR
FC	FARE CALCULATION
FF	FLIGHT INFORMATION
FN	FARE
FP	FORM OF PAYMENT
FV	DISPLAY FIRST AVAILABILITY
GI	GENERAL INFORMATION
GN	GROUP NAME ELEMENT AND GROUP ELEMENT
IG	IGNORE
ML	MULTISELECTION PASSENGER LIST
NM	NAME ELEMENT
OP	OPTION ELEMENT
OSI	OTHER SERVICE INFORMATION
PB	PAGE BACK
PF	PAGE FIRST
PG	CURRENT PAGE
PL	PAGE LAST
PN	PAGE NEXT
QB	QUEUE BACK
QD	QUEUE DELAY

QE	QUEUE ENTER
QN	QUEUE NEXT
QR	QUEUE REPEAT
QS	QUEUE START
QT	QUEUE TOTAL
RMK	REMARK ELEMENT
RT	RETRIEVAL OF PNR
SI	SIGN IN
SK	DISPLAY SCHEDULE TIMETABLE
SN	OPEN SEGMENT CREATION
SO	SIGN OUT
SP	SPLIT
SS	ACTIONABLE SEGMENT CREATION
SSR	SPECIAL SERVICE REQUIREMENT
TC	TOUR CODE
TE	TICKETING MODE/STATUS
TI	START TICKETING INPUT
TN	ENTER START/END TICKET NUMBERS
TO	START TICKETING OUTPUT
TSL	TICKETING SUMMARY REPORT
XE	CANCEL PNR ELEMENT
VT	VOID TICKET NUMBER
XC	RELEASE CONTROL
XI	STOP TICKETING INPUT
XN	SUPPLEMENTARY NAME
XO	STOP TICKETING OUTPUT

附录 B　出错提示信息索引

ACTION	行动代码不正确
AIRLINE	航空公司代码不正确
AMOUNT	数量，通常指 FC、FN 中的票价输入不正确
AUTHORITY	权限
CASH COLLECTION（SCNY???.??）LOST	FN 中缺少 SCNY 项
CHECK CONTINUITY	检查航段的连续性，使用@I，或增加地面运输航段
COMMISSION（C?.??）LOST	FN 中缺少代理费率项
CONTACT ELEMENT MISSING	缺少联系组，将旅客的联系电话输入到 PNR 中
CURRENCY	货币代码不正确
DATE	输入的日期不正确
DEVICE	打票机序号不正确
DUP ID	PNR 中某项重复，或缺少旅客标识
ELE NBR	序号不正确
FLT NUMBER	航班号不正确
FORMAT	输入格式不正确
FLIGHT LIMITED,PLS MAKE BOOKING TOGETHER WITH ONE EOT FUNTION	将 PNR 的各项与@一同输入，封口
ILLEGAL	不合法
INACTIVE	检查打票机各项状态
INFANT	缺少婴儿标识
INPUT	打票机的输入状态
INVALID CHAR	存在非法字符，或终端参数设置有误
ITINERARY DOES NOT MATCH FC	FC 与 PNR 中的航程不符
MAX TIME FOR EOT - IGNORE PNR AND RESTART	建立了航段组，但未封口的时间超过 5 分钟，这时系统内部已经做了 IG，将座位还原，代理人应做

	IG，并重新建立 PNR
NAME LENGTH	姓名超长或姓氏少于两个字符
NAMES	PNR 中缺少姓名项
NO DISPLAY	没有显示
NO NAME CHANGE FOR MU/Y	某航空公司不允许修改姓名
NO QUEUE	说明该部门此类信箱不存在
OFFICE	部门代号不正确
OUTPUT	打票机的输出状态
PENDING	表示有未完成的旅客订座 PNR，在退号前必须完成或放弃它
PLEASE SIGN IN FIRST	请先输入工作号，再进行查询
PLS INPUT FULL TICKET NUMBER	输入完整的票号，航空公司代码及十位票号
PLS NM1XXXX/XXXXXX	姓名中应加斜线(/)，或斜线数量不正确
PNR TKTD	该记录已出过票，取消 PNR 中的票号项
PROFILE PENDING	表示未处理完常旅客的订座，PSS:ALL 处理
PROT SET	工作号密码输入错误
PSGR ID	旅客标识不正确
Q TYPE	所要发送到的信箱的种类在目的部门中没有定义
Q EMPTY	信箱中此类信箱为空的，已处理完成，没有需要处理的内容
QUEUE PENDING	表示未处理完信箱中的 QUEUE，QDE 或 QNE
RL	记录编号不存在
SCH NBR	航线序号不符
SEATS	订座数与 PNR 中姓名数不一致，可 RT 检查当前的 PNR
SEGMENT	航段
SIMULTANEOUS MODIFICATION—REENTER MODIFICATION	类似的修改，IG，并重新输入当前的修改
STOCK	票号不正确
TICKET PRINTER IN USE	表示未退出打票机的控制，退出后即可
TICKET STATUS ELEMENT MISSING	缺少票号组

TIME	输入时间不正确
UNABLE	不能
USER GRP	工作号级别输入错误
WORKING Q	表示代理人正在对某一种信箱进行处理，未处理完时，不能再处理另外一种 Q。这时若要结束原来的处理，可以做 QDE 或 QNE，然后再 QS:xx

附录 C 国内城市机场三字代码

城市名称	英文名称	机场三字代码	机场名称
北 京	BEIJING	PEK（BJS）	北京首都国际机场
上海(虹桥)	SHANGHAIHONGQIAO	SHA	上海虹桥机场
上海(浦东)	SHANGHAIPUDONG	PVG	上海浦东机场
广 州	GUANGZHOU	CAN	广州白云机场
深 圳	SHENZHEN	SZX	深圳宝安国际机场
成 都	CHENGDU	CTU	成都双流机场
海 口	HAIKOU	HAK	海口美兰机场
南 京	NANJING	NKG	南京禄口机场
重 庆	CHONGQING	CKG	重庆江北机场
西 安	XIAN	XIY（SIA）	西安咸阳机场
长 沙	CHANGSHA	CSX	长沙黄花机场
杭 州	HANGZHOU	HGH	杭州萧山机场
哈尔滨	HARBIN	HRB	哈尔滨太平机场
三 亚	SANYA	SYX	三亚凤凰机场
昆 明	KUNMING	KMG	昆明巫家坝机场
厦 门	XIAMEN	XMN	厦门高崎机场
大 连	DALIAN	DLC	大连周水子机场
武 汉	WUHAN	WUH	武汉天河机场
青 岛	QINGDAO	TAO	青岛流亭机场
乌鲁木齐	URUMQI	URC	乌鲁木齐地窝铺机场
济 南	JINAN	TNA	济南遥墙机场
南 宁	NANNING	NNG	南宁吴圩国际机场
天 津	TIANJIN	TSN	天津滨海机场
沈 阳	SHENYANG	SHE	沈阳桃仙机场
贵 阳	GUIYANG	KWE	贵阳龙洞堡机场
桂 林	GUILIN	KWL	桂林两江机场
温 州	WENZHOU	WNZ	温州永强机场
福 州	FUZHOU	FOC	福州长乐机场
太 原	TAIYUAN	TYN	太原武宿机场
宁 波	NINGBO	NGB	宁波栎社机场
南 昌	NANCHANG	KHN	南昌昌北机场

城市名称	英文名称	机场三字代码	机场名称
长 春	CHANGCHUN	CGQ	长春龙嘉机场
郑 州	ZHENGZHOU	CGO	郑州新郑机场
兰 州	LANZHOU	LHW	兰州中川机场
合 肥	HEFEI	HFE	合肥骆岗机场
香 港	HONGKONG	HKG	香港赤腊角国际机场
珠 海	ZHUHAI	ZUH	珠海三灶机场
烟 台	YANTAI	YNT	烟台莱山机场
石家庄	SHIJIAZHUANG	SJW	石家庄正定机场
银 川	YINCHUAN	INC	银川河东机场
汕 头	SHANTOU	SWA	汕头外砂机场
呼和浩特	HOHHOT	HET	呼和浩特白塔机场
拉 萨	LHASA	LXA	拉萨贡嘎机场
延 吉	YANJI	YNJ	延吉朝阳川机场
宜 昌	YICHANG	YIH	宜昌三峡机场
丽 江	LIJIANG	LJG	丽江三义机场
绵 阳	MIANYANG	MIG	绵阳南郊机场
西 宁	XINING	XNN	西宁曹家堡机场
武夷山	WUYISHAN	WUS	武夷山机场
常 州	CHANGZHOU	CZX	常州奔牛机场
湛 江	ZHANJIANG	ZHA	湛江机场
张家界	ZHANGJIAJIE	DYG	张家界大庸荷花机场
黄 山	HUANGSHAN	TXN	黄山屯溪机场
佳木斯	JIAMUSI	JMU	佳木斯机场
锦 州	JINZHOU	JNZ	锦州小岭子机场
包 头	BAOTOU	BAV	包头二里半机场
北 海	BEIHAI	BHY	北海福城机场
南 通	NANTONG	NTG	南通兴东机场
义 乌	YIWU	YIW	义乌机场
威 海	WEIHAI	WEH	威海文登大水泊机场
南 充	NANCHONG	NAO	南充高坪机场
常 德	CHANGDE	CGD	常德桃花源机场
安 顺	ANSHUN	AVA	安顺黄果树机场
连云港	LIANYUNGANG	LYG	连云港白塔埠机场
牡丹江	MUDANJIANG	MDG	牡丹江海浪机场
盐 城	YANCHENG	YNZ	江苏盐城南洋机场
敦 煌	DUNHUANG	DNH	敦煌机场
恩 施	ENSHI	ENH	恩施机场
襄 樊	XIANGFAN	XFN	襄樊刘集机场

城市名称	英文名称	机场三字代码	机场名称
宜宾	YIBIN	YBP	宜宾高坪机场
丹东	DANDONG	DDG	丹东浪头机场
晋江	JINJIANG	JJN	泉州晋江机场
齐齐哈尔	QIQIHAR	NDG	齐齐哈尔三家子机场
安庆	ANQING	AQG	安庆天柱山机场
保山	BAOSHAN	BSD	保山云瑞机场
洛阳	LUOYANG	LYA	洛阳机场
泸州	LUZHOU	LZO	泸州机场
库尔勒	KORLA	KRL	库尔勒机场
柳州	LIUZHOU	LZH	柳州白莲机场
赤峰	CHIFENG	CIF	赤峰土城子机场
澳门	MACAU	MFM	澳门国际机场
临沂	LINYI	LYI	临沂沐埠岭机场
庆阳	QINGYANG	IQN	庆阳机场
海拉尔	HAILAR	HLD	内蒙古海拉尔东山机场
黄岩	HUANGYAN	HYN	台州黄岩路桥机场
榆林	YULIN	UYN	榆林西沙机场
阜阳	FUYANG	FUG	阜阳机场
秦皇岛	QINHUANGDAO	SHP	秦皇岛机场
西双版纳	JINGHONG	JHG	西双版纳景洪机场
九寨沟	JIUZHAIGOU	JZH	九寨沟黄龙机场
达县	DAXIAN	DAX	达县机场
舟山	ZHOUSHAN	HSN	舟山普陀山朱家尖机场
吉安	JIAN	KNC	吉安机场
酒泉	JIUQUAN	CHW	酒泉机场
南阳	NANYANG	NNY	南阳姜营机场
衢州	QUZHOU	JUZ	衢州机场
吉林	JILIN	JIL	吉林二台子机场
库车	KUQA	KCA	库车机场
嘉峪关	JIAYUGUAN	JGN	嘉峪关机场
景德镇	JINGDEZHEN	JDZ	景德镇罗家机场
衡阳	HENGYANG	HNY	衡阳机场
铜仁	TONGREN	TEN	铜仁机场
汉中	HANZHONG	HZG	汉中西关机场
通辽	TONGLIAO	TGO	通辽机场
梧州	WUZHOU	WUZ	梧州长洲岛机场
格尔木	GOLMUD	GOQ	格尔木机场
九江	JIUJIANG	JIU	九江庐山机场

城市名称	英文名称	机场三字代码	机场名称
克拉玛依	KARAMAY	KRY	克拉玛依机场
安阳	ANYANG	AYG	安阳机场
喀什	KASHI	KHG	喀什机场
遵义	ZUNYI	ZYI	遵义机场
安康	ANKANG	AKA	安康机场
大同	DATONG	DAT	大同机场
延安	YANAN	ENY	延安二十里铺机场
赣州	GANZHOU	KOW	赣州黄金机场
五台山	WUTAISHAN	WUT	五台山机场
思茅	SIMAO	SYM	思茅机场
昭通	ZHAOTONG	ZAT	昭通机场
黑河	HEIHE	HEK	黑河机场
井冈山	JINGGANGSHAN	JGS	井冈山机场
广元	GUANGYUAN	GYS	广元机场
和田	HETIAN	HTN	和田机场
芒市	MANGSHI	LUM	芒市机场
哈密	HAMI	HMI	哈密机场
长治	CHANGZHI	CIH	长治机场
西昌	XICHANG	XIC	西昌青山机场
林芝	LINZHI	LZY	林芝机场
伊宁	YINING	YIN	伊宁机场
东营	DONGYING	DOY	东营机场
梅县	MEIXIAN	MXZ	梅县机场
沙市	SHASHI	SHS	荆州沙市机场
乌兰浩特	WULANHAOTE	HLH	乌兰浩特机场
朝阳	CHAOYANG	CHG	朝阳机场
广汉	GUANGHAN	GHN	广汉机场
富蕴	FUYUN	FYN	富蕴机场
且末	QIEME	IQM	且末机场

附录 D　国际城市机场三字代码

城市名称	英文名称	机场三字代码
巴黎	PARIS	PAR,CDG,ORY,LBG,PHT,PRX,XPG
慕尼黑	MUNICH	MUC
尼斯	NICE	NCE
马德里	AEROPUERTO DE BARAJA	MAD
伦敦	LONDON	LON,STN,LHR,QQW,LOZ,LGW,LCY,YXU
底特律	DETROIT	DTW,DTT,DET
汉堡	HANBURG	HAM
芝加哥	CHICAGO	CHI,ORD
悉尼	SYDNEY	SYD
洛杉矶	LOSANGELES	LAX
东京	TOKYO	TYO,NRT,HND,OKO
多伦多	TORONTO	YYZ,YTO,YTZ,TOR
首尔	SEOUL	SEL,GMP
西雅图	SEATTLE	SEA,BFI,BFJ
大阪	OSAKA	OSA,KIX,ITM
雅加达	JAKARTA	CGK
长崎	NAGASAKI	NGS
莫斯科	MOSCOW	MOW,DME,SVO,VKO
开罗	CAIRO	CAI
新加坡	SINGAPORE	SIN
雅典	ATHENS	ATH,AHN,ATO
亚特兰大	ATLANTA	ATL
沙迦	SHARJAH	SHJ
墨尔本	MELBOURNE	MEL
卡拉奇	KARACHI	KHI
伊斯兰堡	ISLAMABAD	ISB
柏林	BERLIN	THF,SXF,TXL,BER,BGR,BML
法兰克福	FRANKFURT	FRA
奥斯陆	OSLO	OSL,FBU,GEN,TRF
奥克兰	OAKLAND	AKL,OAK,ODM
米兰	MILAN	MIL,MXP,BGY,LIN

城市名称	英文名称	机场三字代码
阿姆斯特丹	AMSTERDAM	AMS
日内瓦	GENEVA	GVA
布鲁塞尔	BRUSSELS	BRU
纽约	NEWYORK	NYC,LGA,JFK,EWR
旧金山	SANFRANCICO	SFO
曼谷	BANGKOK	BKK
温哥华	VANCOUVER	YVR
吉隆坡	KUALALUMPUR	KUL,SZB
哥本哈根	COPENHAGEN	CPH,RKE
福冈	FUKUOKA	FUK
斯德哥尔摩	STOCKHOLM	STO,SMP,BMA,ARN
名古屋	NAGOYA	NGO
赫尔辛基	HELSINKI	HEL
波士顿	BOSTON	BOS
迈阿密	MIAMI	MIA
华沙	WARSAW	WAW
伊斯坦布尔	ISTANBUL	IST
马尼拉	MANILA	MNL
墨西哥城	MAXICOCITY	MEX
新德里	NEW DELHI GANDHI	DEL
特拉维夫	TELAVIV	TLV

附录 E　服务类型代码

特殊餐食:

    SPML　特殊餐食

    AVML　亚洲素食

    BBML　婴儿/幼儿餐食

    BLML　刺激性少/软餐食

    CHML　儿童餐食

    DBML　糖尿病餐食

    FPML　水果餐食

    GFML　无麸质餐食

    HFML　高纤维餐食

    HNML　印度餐食

    KSML　犹太餐食

    LCML　低卡路里餐食

    LFML　低胆固醇无脂肪餐食

    LPML　低蛋白质餐食

    LSML　低钠无盐餐食

    MOML　穆斯林餐食

    NLML　无乳糖餐食

    NSML　无盐餐食

    ORML　东方餐食

    PRML　低咖啡碱餐食

    RVML　未煮过的素餐

    SFML　海鲜餐食

    VGML　素食

机位申请:

    NSSA　靠走廊的无烟座位

    NSSW　无烟靠窗的座位

    NSST　无烟座位

    SMSA　吸烟靠走廊的座位

    SMSW　吸烟靠窗的座位

    SMST　吸烟座位

旅客情况：

WCHR 轮椅服务起止于客机停机坪

WCHS 轮椅服务起止于客梯

WCHC 轮椅服务起止于客舱

BLND 盲人旅客（指定一只视力好的狗相陪伴）

BSCT 有篷的摇篮或吊床或婴儿摇篮

DEAF 聋哑旅客

DEPA 被驱逐出境（有人陪伴）

DEPU 被驱逐出境（无人陪伴）

MEDA 身体患病旅客或精神病患者（旅客医疗状况证明也可能需要）

STCR 担架旅客

UMNR 无成人陪伴儿童

行李情况：

BSCT 摇篮车/吊床/婴儿摇篮

BIKE 自行车（须说明数量）

BULK 超大行李（须说明数量、重量和尺寸）

CBBG 放置机舱行李（购买了额外座位，须说明数量、重量及尺寸）

XBAG 额外行李（须说明数量、重量和尺寸）

FRAG 易碎行李（须说明数量、重量和尺寸）

GFML 过量的自由食品

AVIH 被约束的动物

PETC 宠物（需要详细说明）

SPEQ 体育设施（须指明设备类型、数量、重量和尺寸）

其他代码：

CHD 儿童

INF 婴儿

VIP 重要旅客

FQTV 常旅客

SKYT 天合联盟旅客

SEMN 海员

SPON 特殊旅客

TCP 完整团体人数

OTHS 其他项目

TKTL 出票时限

COUR 信使

CTC 联系方式

CTCA 联系地址

CTCP 联系电话
EXST 额外的座位
LANG 特定语言
MAAS 满足与帮助
RQRT 座位申请
TWOV 无签证过境

附录 F 中国 BSP 航空公司代码

代 码	航空公司名称	客票代码
CA	中国国际航空公司	999
MU	中国东方航空股份有限公司	781
CZ	中国南方航空股份有限公司	784
SZ	中国西南航空公司	785
3Q	云南航空公司	592
G8	长城航空公司	C02
MF	厦门航空公司	731
FM	上海航空公司	774
3U	四川航空公司	C10
WU	武汉航空公司	C12
WH	中国西北航空公司	783
CJ	中国北方航空公司	782
XO	新疆航空公司	651
X2	中国新华航空公司	779
HU	海南航空股份有限公司	C05
SC	山东航空公司	C07
2Z	长安航空公司	C01
4G	深圳航空公司	C09
KA	港龙航空公司	043
NX	澳门航空公司	675

附录 G 中国国际航空公司航班舱位定义

国际航线新旧舱位票价定义对应表

NEW	新 定 义	OLD	原 定 义
F	头等舱公布运价	F	头等舱公布运价
A	头等舱折扣价		
P	头等舱公务员	P	头等舱公务员
O	FFP、AD、ID 兑换舱位	A	FFP、AD、ID 兑换舱位
C	公务舱公布运价	C	公务舱公布运价
D	公务舱折扣价	D	公务舱折扣价
Z	公务舱折扣价(用于 CA961/2)	I	公务舱折扣价(用于 CA961/2)
I	FFP 兑换舱位	Z	FFP、AD、ID 兑换舱位
R	AD、ID 兑换舱位		
J	公务舱公务员	J	公务舱公务员
Y	经济舱公布运价	Y	经济舱公布运价
B	经济舱折扣价	B	经济舱折扣运价
M	经济舱折扣运价	H	经济舱折扣运价
H	经济舱折扣运价	K	经济舱折扣运价
K	经济舱折扣运价	L	经济舱折扣运价
L	经济舱折扣运价	M	经济舱折扣运价
Q	经济舱折扣运价	N	经济舱折扣运价
G	经济舱折扣运价	Q	经济舱折扣运价
S	散客国际联程	S	国际联程
X	FFP 兑换舱位	V	FFP 兑换舱位
N	AD、ID 兑换舱位	G	AD、ID 兑换舱位
V	经济舱折扣运价	X	经济舱折扣运价
U	经济舱公务员	U	经济舱公务员
W	低于门户点价格/国内联程	W	低于门户点价格/国内联程
T	团队	T	团队
E	团队	E	团队

国内航线新旧舱位票价定义对应表

NEW	新 定 义	OLD	原 定 义
F	头等舱公布运价	F	头等舱公布运价
A	头等舱折扣价		
O	FFP、AD、ID 兑换舱位	A	FFP、AD、ID 兑换舱位
C	公务舱公布运价	C	公务舱公布运价
D	公务舱折扣价	D	公务舱折扣价
I	FFP 兑换舱位	Z	FFP、AD、ID 兑换舱位
R	AD、ID 兑换舱位	Z	FFP、AD、ID 兑换舱位
Y	经济舱公布运价	Y	经济舱公布运价
B	90%	B	90%
M	85%	H	85%
H	80%	K	80%
K	75%	L	75%
L	70%	M	70%
Q	60%	N/Q	65%/60%
G	50%	X	50%
S	国际国内散客联程	S	国际国内联程
X	FFP 兑换舱位	V	FFP 兑换舱位
N	AD、ID 兑换舱位		
V	45%	U	45%
U	40%和公务员舱位		
W	国内联程	W	国内联程
T	国际国内团队联程/特殊销售价格	T	国际国内团队联程,55%
E	国际国内团队联程/特殊销售价格	E/G	国际国内团队联程，40%/低折扣舱位,AD,ID 兑换舱位

参 考 文 献

[1] 生颖洁，张娟.浅谈全球分销系统.国际航空，2006(3).

[2] 邓威.中国民航的 GDS.中国计算机用户，2001(12):37，38.

[3] 裴凯.追忆组建中国民航电子计算机系统的经历.航空史研究，2000(2):39-43.

[4] 刘杰.从计算机订座系统到空运业世界分销网.中国民用航空，2002(9):49-52.

[5] 董柏悦.浅析当前中国民航旅客订座系统的安全隐患.中国民航学院学报，2003(2).

[6] 隆丹丛.中国民航货运计算机系统.交通运输电子化，1997(2):43.

[7] 翁亮，田琳.航空货运企业信息化建设的 SWOT 分析及其战略选择.空运商务，2007(5):32-34.

[8] 周钢，周伟.跨航空公司电子客票的初步研究.中国民航学院学报. 2003，21(2):24-26.